世界的风景，就在我们眼中。

北京市版权局著作权合同登记图字：01-2014-2371
策划编辑：陈凤玲
责任编辑：陈凤玲

图书在版编目（CIP）数据

开始在英国自助旅行 / 李芸德编著、摄. —北京：旅游教育出版社，2015.1
（快意畅游）
ISBN 978-7-5637-3087-2

Ⅰ.①开… Ⅱ.①李… Ⅲ.①旅游指南-英国 Ⅳ.①K956.19

中国版本图书馆CIP数据核字（2014）第304683号

《開始在英國自助旅行》
中文简体版©2014由旅游教育出版社发行
本书由台湾太雅出版有限公司通过安伯文化事业有限公司授权旅游教育出版社在中国大陆独家发行中文简体字版本。
非经书面同意，不得以任何形式任意重制、转载。

开始在英国自助旅行（快意畅游）
李芸德 编著／摄影

出版单位：	旅游教育出版社
地　　址：	北京市朝阳区定福庄南里1号
邮　　编：	100024
发行电话：	（010）65778403　65728372　65767462（传真）
E-mail：	tepfx@163.com
排版单位：	北京旅教文化传播有限公司
印刷单位：	北京利丰雅高长城印刷有限公司
经销单位：	新华书店
开　　本：	787毫米×960毫米　1/16
印　　张：	8
字　　数：	120千字
版　　次：	2015年1月第1版
印　　次：	2015年1月第1次印刷
定　　价：	32.80元

（图书如有装订差错请与发行部联系）

◎ 编者语

一起出发，
到英国自助旅行！

总是梦想着要去昔日的"日不落国"，
揭开它神秘、迷人的面纱。
有着悠久历史与人文自然景观的英国，
永远是旅人心中惦记着要去朝圣的地方。
但是，印象中，去英国要搜集很多资料，英国的食宿交通费
贵得不得了，怕听不懂英式英语……
别担心，这些难题在这本书里都可以找到答案。
这本书的内容设计非常合理、实用，
将自助旅行会遇到的各种情况，尽可能预想到了，
比如，在伦敦下飞机后，不必像无头苍蝇般茫然，可以胸有
成竹地搭乘正确的交通工具，前往英国各地或伦敦市中心；
想节省住宿费用，可以查询一下英国大学宿舍的资料；想节
省餐费，可到超市、咖啡店、小酒馆这类地方捡便宜……
想去英国旅行的你，尽管跟着这本书，
从第一篇"认识英国"开始，往下阅读，
完成这趟纸上英国游之后，
你会发现，去英国自助旅行真的一点也不难！

「游英国铁则」

☑ **注意右边来车!**
理由：英国的行车方向与我们相反，是靠左边走，穿越马路一定要先看右边！开车族也请特别注意，驾驶座在右边，要用左手换挡哦！

☑ **带防风外套、抗强风伞!**
理由：英国天气说变就变，稍稍刮风下雨时，也没什么人撑伞，因为一阵风来就可能把伞吹坏！出太阳时也别撑阳伞，艳阳天在英国可是求之不得呢！

☑ **必备好穿的鞋和好用的地图!**
理由：不管是参观景点、购物，还是往返车站，都要走很多很多路，一定要穿好走的鞋。也请随身携带标示清楚的地图，英国老城(尤其是伦敦)可没有棋盘式街道，别异想天开，以为只要方向对就能走到目的地。

☑ **圣诞节也许不是个旅游的好时机!**
理由：12/24商店会提早关门，12/25店家、餐厅、景点大多休息，连大众交通工具都不行驶。敬请储备粮食，早起迎接12/26日——Boxing Day(疯狂折扣日)。

☑ **有免费洗手间就尽量利用吧!**
理由：就算不想，也尽量在博物馆、百货公司去一下洗手间。一般餐厅、快餐店、咖啡店都会锁上洗手间，仅供消费的客人使用，公共卫生间不多且需收费。还好洗手间内都附有卫生纸，卫生纸要直接丢进马桶冲掉，卫生棉要放进垃圾桶旁的小袋子包好再丢进垃圾桶。

☑ **"血拼"要趁早!**
理由：购物商店一般都只营业到19:00~20:00，周末则提早至17:00~18:00！还是先去血拼再去用餐吧！

☑ **瘾君子请戒烟吧!**
理由：大部分的地方都禁烟，尤其是室内。除此之外，英国的烟价不是普通贵，而是非常非常贵，每包动辄六七十元人民币呢！还是戒了吧！

☑ **购物前请确认退换规则**
理由：有些药妆店或食品百货，货品既出，无论是否拆封一律不退换。因此在购买前最好确认欲购品项。

☑ **拍照时，请小心摆"V"手势**
理由：摆出超可爱的"V"手势拍照姿势时，千万不要将手掌朝向自己啊！反过来的"V"，意思跟竖起中指是差不多的!

United Kingdom

☑ **关于交通，要省钱就要及早计划！**
理由：英国的交通费很惊人，长途行程动辄数百元人民币，所幸只要及早购票，都可享有不错的折扣。临时想变更行程，请先看看自己的钱包。

☑ **吃薯条要洒醋，而不是西红柿酱！**
理由：*Fish & Chips*（炸鱼和薯条）是英国随处可见的小吃，洒上大量的酸甜麦芽醋才是最地道的吃法，真正去油解腻。

☑ **英国都是*British*（英国人）?**
理由：英国是由英格兰、威尔士、苏格兰、北爱尔兰组成，各地人们通常自称为*English*、*Welsh*、*Scottish*和*Irish*。若称呼一位苏格兰人为*English*，是会招来白眼的哦！而*British*通常用在官方文件中。

◎作者序

其实，**伦敦**的蓝天很清澈

回忆起第一次踏上英国国土时，行囊里只有几本英文版《哈利·波特》。除了披头士的音乐和雾锁伦敦的照片(说真的，伦敦的蓝天很清澈)，对英国这个国家，我其实一无所知；但也因为这一无所知，所以更下定决心要充实体验这昔日的"日不落"的风俗民情。于是，不仅是伦敦的文艺活动、威尔士的丘陵与绵羊、苏格兰高地的苍凉，就连"Isle of Skye(天涯)"与"Land's End(海角)"也都要走一遭。

然而，每每开始计划一次新的旅程时，最花时间和精神的就是事前准备工作。交通、食宿、景点、营业时间、文化特色、必买必看……人人各有各的喜好。虽然现在网络很发达，旅游资讯也相当丰富，但如何从庞大的资料库中找出最有用、最适合自己的资讯，反而成了一种新考验。

偏偏，从计划到实践，自助旅行几乎是"试错+学习"的总和。搞不清楚各式各样的交通票价，平白无故花了一堆冤枉钱；不知道英国的假日交通最不方便、商店会提早打烊，结果什么也没玩到；迷路、找不到订好的饭店，更是稀松平常……但也因为这些不按牌理出牌的意外，自助旅行才总是充满了各种惊奇。

虽然，事前的"计划"永远赶不上"变化"，但腹中有计划，绝对能让人在面对意料外事件时，做到冷静而不慌张。

因此,这本书没有华丽的辞藻,也没有用太多篇幅介绍历史、景点或美食,而是将庞杂的实用资讯整合起来,以最方便、最简单明了的方式,提供前往英国旅游需要了解的基本信息,为您节省时间。"应用英语"单元设计,让您从下飞机开始就能快速进入状态,购物、用餐、观光时,也不用担心英文到底该怎么说。此外,这本小书还提供您额外的、有用的网络链接信息,让您学会"钓鱼",而不只是"吃鱼",帮助您在最短时间内成为自助旅行达人。

您总是梦想要去某处体验不同的生活与文化,却不喜欢参加匆匆忙忙的旅行团?羡慕自助旅行的自由和深入,但面对复杂多样的信息,又不知从何下手?前往陌生国度旅游,心态上总不免又兴奋又担心,《开始在英国自助旅行》这本小书,不但能协助您踏出前往英国自助旅行的第一步,更是您旅行英国的生存必备手册。

Linda 李芸德

关于作者 李芸德

自2001年起展开为期4年的Gap Years,爱上无拘无束的自助旅行形态,已单独走访欧美亚洲20国。期间曾为了节省旅费,每天步行10小时、露宿机场和火车站,但绝不心疼参观博物馆的门票钱。最爱搜集各种票根,并在随行旅游书上记录心得。现在虽已不是个Gapper,但每年仍至少自助旅行两次。

目录 CONTENTS

- 05 编者语
- 06 游英国铁则
- 08 作者序

15
认识英国
英国，是个什么样的国家？

- 16 英国小档案

23
行前准备
出发前，要做哪些准备？

- 24 要先搜集资料
- 27 要准备的证件
- 30 要先做的功课

35

机场篇
抵达机场后，如何顺利入出境？

- 36 认识希斯罗机场
- 37 如何办理入出境手续
- 43 如何从希斯罗机场到伦敦市区
- 49 如何从希斯罗机场到其他城市
- 49 如何从伦敦市区前往希斯罗机场
- 52 应用英语

53
住宿篇
在英国旅行，有哪些住宿选择？

- 54 选择合适的住宿地点
- 55 青年旅舍
- 56 大学宿舍
- 57 家庭旅馆和宾馆
- 58 酒店
- 59 英国住宿特色
- 60 应用英语

61
英国交通篇
英国游个遍，有哪些交通工具？

- 62 搭火车
- 72 搭长途巴士
- 77 搭飞机
- 79 自己租车
- 80 应用英语

81
伦敦交通篇
在伦敦，如何搭车？

- 83 看懂伦敦交通路线图
- 85 搭地铁
- 90 搭公交车

Traveling in United Kingdom

- 92 搭电车
- 92 搭轻轨电车
- 92 搭路面电车
- 92 搭火车
- 93 搭渡轮
- 93 搭缆车
- 93 骑自行车
- 93 搭出租车
- 94 在伦敦，不迷路
- 94 应用英语

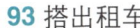

117
通信篇
在英国要打电话、上网、寄信怎么办？

- 118 打电话
- 121 上网
- 121 邮寄
- 122 应用英语

95
饮食篇
在英国吃吃喝喝

- 96 英国人，一天吃四餐
- 98 英国人的用餐礼仪
- 99 便宜食物哪里找
- 100 应用英语

123
应变篇
在英国发生紧急状况怎么办？

- 124 遗失物品怎么办？
- 125 生病、受伤怎么办？
- 125 被偷、被抢怎么办？
- 126 想上厕所怎么办？
- 126 紧急救命电话
- 126 应用英语

101
玩乐购物篇
到英国哪里最好玩、什么最好买？

- 102 善用旅游信息中心
- 102 游览英国的四种套装行程
- 104 英国必玩景点
- 109 伦敦必玩景点
- 112 包罗万象的博物馆
- 113 英国啤酒节
- 113 英国夜生活
- 114 享受精彩音乐剧
- 116 在英国购物

如何使用本书

《开始在英国自助旅行》是一本非常实用的旅行规划书，它以自助旅行为切入角度，描绘了当地英国人的生活形态，让旅行者能清楚地了解英式风情并享受最本地的旅游形态。依篇章顺序介绍，从行前准备到抵达当地，直至自在地旅行、购物等依序安排，必要手续如汇兑、搭机、办理护照签证、交通、生活等资讯整齐安列在各篇章中，各单元的篇章页所附的详细小目录，让搜寻一目了然，更加容易。

全书分成10个篇章

【认识英国】英国，是个什么样的国家？告诉你英国的领土、人口、地理、政治、气候、营业时间、时差、币值、航程等资讯，让你对英国有初步的印象与了解。

【行前准备】出发前，要准备什么？本篇列出赴英国之前需准备的证件、要先做的功课。提供实用的旅游资讯网站，让你在出发前有最及时的第一手旅游资讯。

【机 场 篇】抵达机场后，如何顺利入出境？从踏入英国的那一刻起，该如何办理出入境手续，该如何从希斯罗机场到伦敦市区，通通图文并茂告诉你。

【住 宿 篇】住宿地点怎么选怎么找？详细介绍英国各种形态的住宿方式，包括：青年旅舍、大学宿舍、饭店、家庭旅馆和宾馆等，可依你的预算和喜好选择合适的住宿地点。

【英国交通篇】善用交通工具，畅行英国！本篇详细介绍英国大众运输交通系统，只要掌握一些小秘诀，不管是搭火车、长途巴士、飞机还是自己租车都能用比较便宜的交通费，行走英国玩个遍！

【伦敦交通篇】游逛伦敦，足有7种交通方式任你选！本篇详细解说伦敦的交通系统；如何选择交通工具？如何买到便宜、适合行程规划的票卡？还有搭乘时的各种注意事项与搭乘方式，最详尽的图文解说易看易懂，足以让你轻松穿梭在伦敦！

【饮 食 篇】像个英国人一样一天吃四餐！传统的英式早餐究竟吃些什么？英国人的用餐礼仪有什么讲究？便宜的英国食物哪里找？怎样点菜？此篇都有详细介绍。

【玩乐购物篇】英国哪里最好玩？本篇详细列出英国必玩景点、伦敦必玩景点，还有非凡享受的音乐剧！购物不忘提醒你如何退税，绝对让你的英国之旅不虚此行。

【通 信 篇】在英国，怎样与亲朋好友联系，随时与世界网络链接？如何寄包裹、寄明信片，本篇详细告诉你。

【应 变 篇】出门在外，难免会遇到紧急情况，此时该怎么办？请见本篇的各种紧急处理办法。

Traveling in United Kingdom

篇章
以颜色区分各大篇章,方便读者知道现在正在阅读哪一篇

1

单元小目录
每个篇章开始前,详列该篇包含的主题,让人一目了然

2

信息、秘诀小提醒
证件要去哪里办,办证件或买车票有何小秘诀,作者一一列出

3

指示、机器说明
各种需注意的指示,比如搭车乘机信息、或买票机器的操作按钮插孔,都有详细的引线说明

4

文图步骤说明
不管是搭飞机、入出境,或是网上购票,都有文字与图片搭配,说明清楚

5

表格填写示范、票卡信息解析
入境卡填写等均有实例供查看对照

6

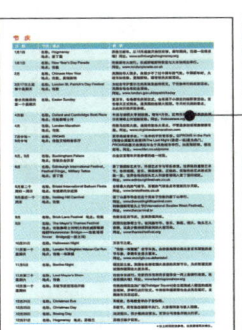 

假日节庆重点整理
哪个季节哪里好玩,作者重点整理——列表,方便读者安排行程

7

实用英语会话
与场景相关的单词、会话一应俱全,即使不懂英语,用手指也能"对话"

8

认识英国
United Kingdom

英国,是个什么样的国家?

出发到英国旅行之前,可以先从领土、地理、气候、人口、时差、语言、币值、航程、电压,建立起简单的英国印象!

英国小档案 16
  领土、人口、地理 16
  政治、语言、国旗 17
  经济、治安、生活习惯与礼节 18
  航程、气候 19
  币值、时差 20
  营业时间、电压 21
  英国印象 21

英国小档案

英国小档案 01
领土 | 英格兰、威尔士 苏格兰、北爱尔兰

英国的英文原名为"United Kingdom of Great Britain and Northern Ireland"（简称：United Kingdom、UK）。由此可知，英国是由大不列颠(Great Britain)和北爱尔兰(North Ireland)组成的联合王国，其中大不列颠即包括了英格兰(England)、威尔士(Wales)和苏格兰(Scotland)三个地区。

除了本土，世界上仍有许多英国的海外领地与属地，本书所牵涉的自助旅行范围，仅是英国本土。

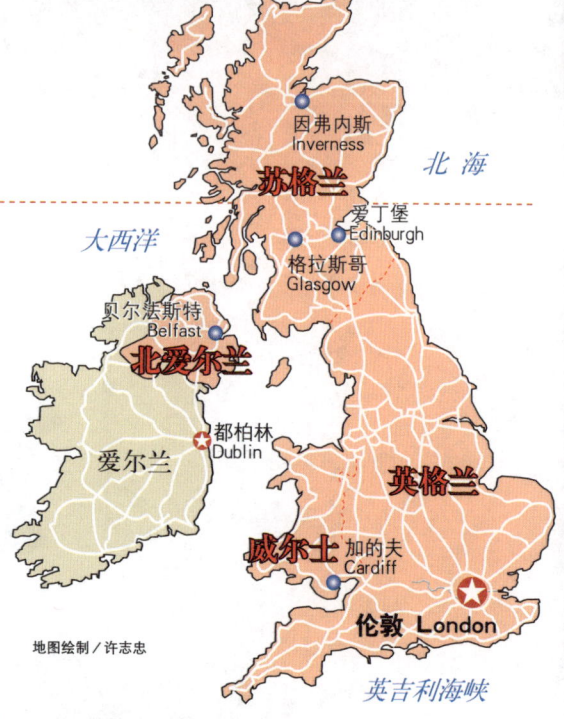

地图绘制／许志忠

速览英国

首都：伦敦
各联邦首府：英格兰—伦敦(London)
　　　　　　威尔士—加的夫(Cardiff)
　　　　　　苏格兰—爱丁堡(Edinburgh)
　　　　　　北爱尔兰—贝尔法斯特(Belfast)
人口：约6000万人
宗教：教堂林立的英国有超过七成的人为基督教徒，其余最多人信仰的是伊斯兰教(3%)，因此也不乏清真寺，印度教、锡克教、犹太教和佛教的追随者约各有1%，有近两成左右的人并无特殊信仰。
官方语言：英语
使用货币：英镑(GBP)

英国小档案 02
人口 | 各色人种都有

目前英国总人口数大约是6千万，包含各大洲移民，大城市尤其为多种族的大熔炉，当地甚至有"搭乘伦敦地铁时，很少听到乘客以英语交谈"这种夸张的说法呢！

英国小档案 03
地理 | 海岛型国家

英国是一个位于欧洲西北边的海岛型国家，与整个欧洲大陆并无陆地相连，它最北的领土设德兰群岛(Shetland Islands)已非常接近北极圈。英国北有北海，距挪威、丹麦不远；西濒大西洋与美洲大陆遥望；东南则隔英吉利海峡与荷兰、比利时、法国相对，与法国最近距离仅有35千米。唯一与英国陆路相连的国家为爱尔兰共和国。

英国小档案 04

政治 | 君主立宪的民主国家

英国是一个君主立宪国家，其政府体系影响了许多其他国家的政治体制，包括加拿大、印度、澳大利亚等英联邦成员国。英国没有成文的宪法，但宪法惯例具有宪法的作用。各种成文法和普通法共同组成了所谓的英国宪法。

英国的政府首脑是首相，首相是议会的议员，必须取得下议会中多数议员的信任方可就任，所以首相往往是国会获得最多席位的政党的领袖，首相和内阁形式上由君主任免，但是根据习惯宪法君主不能否决当选首相和首相所指派的内阁成员。

在名义上，国王(或女王)是国家元首、最高司法长官、武装部队总司令、英格兰教会最高领袖，也参加立法机关活动。在现实政治生活中主要扮演礼仪性角色。英国君主目前为女王伊丽莎白二世。实际上，女王只拥有象征性的地位，其权力的形式受到惯例与民意的约束。

英国有三个主要的政党，分别是工党、保守党和自由民主党。政治上，议会是英国政治的中心舞台，它是最高立法机关，政府就是从议会中产生，并对其负责。英国的国会为两院制，由上议院和下议院组成。内阁成员来自议会两院，大部分来自下议院，首相和内阁拥有实际的最高的行政权力，所有的内阁成员均是英国枢密院的成员。现任首相是戴维·卡梅隆(David Cameron)，于2010年5月11日就任。

英国小档案 05

语言 | 英语、威尔士语、盖尔语

英式英语是最为通用的语言，但除了英语外，威尔士地区通行威尔士语，路标也会标示出两种语言；苏格兰地区也有少部分的居民说盖尔语。英国各地多少都有自己的地方语言和语音腔调，苏格兰地区的腔调，对一般中国旅客而言，可能会稍难听懂。

对于习惯美式英语的人来说，英式英语的发音略有不同，英美的某些习惯用字也有差异，搞错的话，说不定还会闹笑话哦！

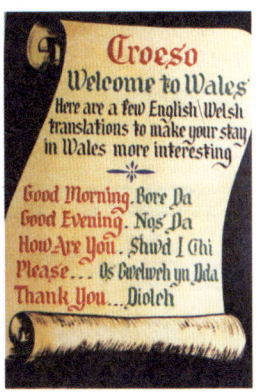

餐厅墙上的海报并列英语和威尔士语，以作对照

英国小档案 06

国旗 | 有趣的三合一国旗

英国国旗名为"Union Flag"，由英格兰的白底红色正十字旗、苏格兰的蓝底白色交叉十字旗和爱尔兰的白底红色交叉十字旗组合而成。威尔士不算是一个王国所以没有把威尔士旗并入。

苏格兰 + 英格兰 + 北爱尔兰

英国小档案 07

经济 | 欧洲四大经济体之一

英国是欧洲四大经济体之一（其他三个分别是德国、法国、意大利）。从18世纪开始英国靠工业逐渐强大，目前经济来源主要是靠银行财经、钢铁重工业、交通运输、油、瓦斯、观光旅游。经济海啸过后英国进入紧缩状态，从2011年开始消费税已提高至20%，出境英国请千万记得要退税。

英国小档案 08

治安 | 英国并非只有绅士淑女

英国的治安状况较好，但在城市闹区的路上还是要提防小偷，包包要随时夹住。一些外国女人对她们的小孩是很保护的，所以如果看到妇女抱着婴儿讨钱的话一般是吉普赛人，也会有穿得很"大地风格"的人在路上拿着手折花塞给你，千万不要接，拿了就跟你要钱。在伦敦中国城附近有很多酒吧，夜晚除了英国人也会有很多游客，要注意防范色鬼骚扰。

周末晚上在大街上行走要小心醉鬼，英国人在周末晚上都会去夜店或酒吧，喝多了就会乱吼乱叫或故意找碴儿，尤其是有足球赛时更favorite是有足球赛时更容易火气上身。若周末晚上想出去玩，女生最好不要独自一人外出，去夜店最好有个非亚洲人的同伴陪着。

英国小档案 09

生活习惯与礼节

了解习惯以防触雷

1 许多英国人对当地其实不是很熟，想找餐厅或下午茶馆，最好自己先做好功课查好地点。我个人曾在某个城市要找英国茶馆，结果被好几个人指引到星巴克。

2 拜访人家时千万不可以空手。一瓶酒、一盒巧克力或一束花，都是基本的见面伴手礼。

3 跟人去Pub喝酒聊天时，要会"请客"！英国人习惯轮流请酒问大家要喝什么，要入乡随俗。

4 通常朋友见面时会亲脸颊或者是贴脸颊亲一下，要适应一下。不熟的朋友不要随便拍肩膀或抱抱，握手就好了。

5 跟朋友出去或有人请客，如果吃的东西不喜欢，不必给太多意见或说不好吃，很有礼貌地说"interesting"就好了，这样对方就理解了。

6 吃饱喝足后公共场所不要大打饱嗝，要打嗝请偷偷打。

7 当对方说的英文你听不懂或听不清楚时，不可以说"啥？"来表示你不懂，英国人觉得这很粗鲁，要说"Excuse me"或"Pardon"。

8 搭火车时一定要提早去等，英国火车有时会延迟或取消，提早去比较容易掌握情况，不管怎样火车是不等人的。

9 询问协助时，在句尾多加"please"，会让人觉得舒服、有礼貌。

10 过海关问话时，听不懂也不要先回答"NO"，这样会让海关以为你直接回答"NO"，再多解释海关就会以为你找理由掩饰。听不懂意思就直接说"Pardon"，他会很有礼貌地再跟你解释。

11 冬天遇到短裤辣妹别奇怪，英国人似乎是欧洲国家里最不怕冷的民族，天热时穿短袖短裤，天冷时也穿短袖短裤，尤其在周末夜晚，对于爱美的英国女生来说，再冷也是一件细肩带短裙不加外套去夜店狂欢。

英国小档案 10

航程 | 11～13小时

目前国内的国航、东航开设有北京—伦敦、上海—伦敦的直飞航线，航程11～13小时。另外，也可以选择英航、荷航、芬航、俄航、德国汉莎、维珍等国际航空公司。

若你的目的地不是英国伦敦，而是想去英国其他城市，如中部的伯明翰、曼彻斯特或北部的爱丁堡，则可以在欧洲的大城市转机，比如阿姆斯特丹和法兰克福就是常用的转机点，当然你也可以到伦敦转机。

英国小档案 11

气候 | 天气变化无常，晴时多云转阵雨

英国属于温带海洋型气候，气温并不太高。英国的天气变化无常，晴时多云有雾，偶有阵雨，甚或下冰雹，全都可能在一天之中发生。因此，到英国旅行，服装的搭配与雨具的携带极为重要，多层次保暖的穿着与防风、防雨外套，才能应对英国多变的气候。

伦敦7月份的平均温度为22℃左右，位于苏格兰的爱丁堡，7月份平均气温也仅18℃。冬季的气候有些湿冷，1、2月份平均温度为0℃左右。伦敦并不常下雪，但在英国北部，冬天雪季可能持续数个月。

此外，英国因为纬度高，日照时间依季节不同而长短不一。夏季日照时间长，约清晨4点天就亮了，直到晚上9点多夕阳才西下。相反，冬季日照时间短，太阳直到早上8点才冒出头，但下午3点多又黑摸摸了。因此，到英国旅行，较好的旅游季节是5月～10月。

想知道英国各地的气候，可参考BBC Weather网站（http://www.bbc.co.uk/weather）。在页面右方的"Search"栏位中以地名搜寻，中间位置就会呈现该地未来24小时(7小时内较准)和之后4天的天气预报。在该网站还可获得平均气温、雨量等信息。

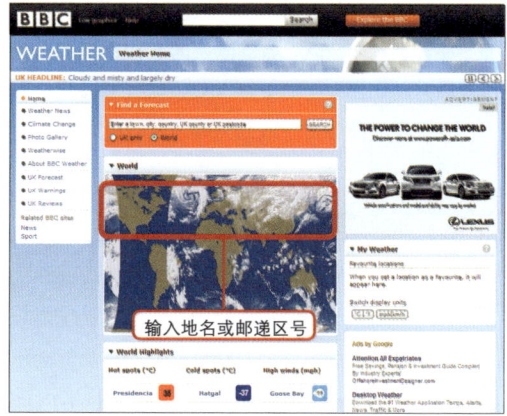

画面截取自BBC Weather网站：news.bbc.co.uk/weather

英国主要城市每月平均气温对照表 气温单位：摄氏℃

城市	1月	2月	3月	4月	5月	6月	7月	8月	9月	10月	11月	12月
伦敦 London	0～6	0～7	1～10	3～13	7～17	9～20	11～22	10～19	8～19	6～18	3～11	1～8
爱丁堡 Edinburgh	0～6	0～6	1～8	3～11	5～14	8～17	10～18	10～18	8～16	5～13	2～9	0～7
伯明翰 Birmingham	0～6	0～7	1～9	3～12	6～16	9～19	11～20	10～20	8～17	6～13	2～9	1～6
贝尔法斯特 Belfast	1～7	1～7	2～9	3～11	6～14	9～17	11～18	11～18	9～16	7～13	4～10	2～7
加的夫 Cardiff	2～7	1～7	3～10	4～12	7～16	11～19	12～20	12～20	11～18	8～14	5～10	2～8
约克 York	0～6	0～7	1～9	3～12	5～16	9～18	11～20	11～20	9～17	6～14	3～10	1～7

英国小档案 12

币值 | 1英镑约合10元人民币

英国的流通货币是英镑，仅有少数地方接受欧元。英镑币值符号为￡，1英镑约等于10元人民币。1英镑＝100便士。英镑的说法：Sterling、Great British Pound、GBP、Pound、￡；便士的说法：Pence、P。

纸币有4～5种面额，苏格兰地区发行有100英镑纸币，但英格兰地区则无此面额钞票；硬币则有8种面额。面值在20英镑以下的钞票较流通，小商店可能不太愿意收50英镑以上的钞票。苏格兰地区有自行发行的英镑纸币，币值与英格兰地区的英镑完全相同，两地英镑可通用，但大面额的苏格兰纸币最好到银行换成英格兰地区的纸币，避免小商店拒收。

此外须特别注意，我国国内的银行并不接受英格兰以外地区所发行的英镑汇兑，因此回国时，千万不要随意带回苏格兰或其他地区发行的英镑，否则是无法换回人民币的！若有英镑现钞要换回人民币，也要注意钞票的完整性，不可有污损。硬币也是无法汇兑的，有剩余的零钱就在机场花掉吧！

5英镑纸钞

10英镑纸钞

20英镑纸钞

50英镑纸钞

 1便士硬币
 2便士硬币
 5便士硬币
 10便士硬币

 20便士硬币
 50便士硬币
 1英镑硬币　2英镑硬币

英国小档案 13

时差 | 比北京慢7或8小时

位于英国伦敦近郊的格林尼治天文台，它的经度是0°，自1884年即被定为格林尼治标准时间(GMT)零点的起始处，所以比北京时间(GMT+8)慢8小时。但英国每年3月底～10月底实施"日光节约时间"（British Summer Time，简称BST，亦称为Daylight Saving Time；GMT+1)，在这7个月里，英国与北京的时差则减为7小时。

时差小提醒

注意时差，以免错过班次

若是搭乘交通工具遇到夏令、冬令时间切换日，一定要注意手表时间切换与搭车时间。

	时间范围	英国时间	北京时间
夏令时间 (比北京慢7小时)	3月的最后一个星期天～ 10月的最后一个星期天	08:00 12:00	15:00 19:00
标准时间 (比北京慢8小时)	10月的最后一个星期天～ 3月的最后一个星期天	08:00 12:00	16:00 20:00

英国小档案 14

营业时间 | 多在10:00～18:00 购物请趁早

购物商店的营业时间多在10:00～18:00，周末假日的营业时间更短，为12:00～17:00，甚至不营业。伦敦主要商街的部分商店，每周四延长营业至20:00左右。开放市集营业时间则不一定，建议出发前到市集官网确认，以免抵达时，摊商开始收摊哦！

部分餐厅、酒吧营业到深夜01:00，但多数的酒吧和超市在23:30以后就不再售卖含酒精饮料，以减少醉酒驾驶的发生。银行的营业时间为周一～周五09:00～16:30，周末不营业，但可能随地区有些许调整。

英国小档案 15

电压 | 三插型插座

英国电压为230～240V，50Hz，插座为三插型。插座上有保险开关，须按到"ON"这一边，才能通电；反之，"OFF"就是不通电。如要携带电器前往英国，如手机和数码相机，务必先检查是否支持国际通用电压（110～240V），一般而言，这些信息可在充电器黑黑方方的插座头上找到！至于，手提电脑则全都支持国际电压，电脑本身的充电器就有变压功能，只需接上适当的旅行转换器即可使用。此外，并不建议你携带额外使用变压器的电器产品，使用不当反而容易把电器烧坏！

英国小档案 16

英国印象 | 你认识的英国名人

演艺界

- 肖恩·康纳利(Sean Connery)：《心灵访客》《勇闯夺命岛》《偷天陷阱》《天降奇兵》
- 休·格兰特(Hugh Grant)：《BJ单身日记》《诺丁山》《K歌情人》《四个婚礼和一个葬礼》
- 凯瑟琳·泽塔琼斯(Catherine Zeta Jones)：《佐罗的面具》《芝加哥》《幸福终点站》
- 裘德·洛(Jude Law)：《大侦探福尔摩斯》《毁灭之路》《兵临城下》《人工智能》《天才瑞普利》
- 凯拉·奈特莉(Keira Knightley)：《赎罪》《加勒比海盗1-3》《傲慢与偏见(2005)》
- 丹尼尔·克雷格(Daniel Craig)：《007:大破量子危机》《007:大战皇家赌场》《黄金罗盘》

文艺界

- J·K·罗琳(J. K. Rowling)：哈利·波特(Harry Potter)奇幻文学系列作品，小说描写主角哈利·波特在魔法世界7年学习及生活的冒险故事。该系列已被翻译成67种以上语言，所有版本的总销售量超过4亿册，是世界上最畅销的小说之一。美国华纳兄弟电影公司已推出全7本作品的电影版，票房收入皆在7亿美元以上。
- 莎士比亚(William Shakespeare)：英国大文豪，作品《罗密欧与朱丽叶》《哈姆雷特》《李尔王》《奥赛罗》《仲夏夜之梦》等。
- 毕翠克丝·波特(Beatrix Potter)：以儿童读物《彼得兔》闻名于世的英国作家。波特小姐也致力于英国湖区(Lake District)的保护。
- 济慈(John Keats)：浪漫派诗人，优秀作品包括《圣艾格尼丝之夜》、《夜莺颂》和《秋颂》等名作。

音乐界

- **披头士(The Beatles)**：来自利物浦，被认为是流行乐坛历史上最成功、最伟大的乐团。
- **艾尔顿·约翰(Elton John)**：英国流行乐手、作曲家和钢琴家，是流行音乐史上成功的独唱歌手。
- **安德鲁·洛伊德·韦伯(Andrew Lloyd Webber)**：最受欢迎的剧院作曲家，作品有《猫》《超级巨星》《日落大道》《歌剧魅影》等。

时尚界

- **薇薇安·韦斯特伍德(Vivian Westwood)**：英国著名服装设计师，1972年和马尔科姆合资开设"Let it Rock"酒吧，销售唱片及衣服，带领起朋克风潮，被誉为时尚界的"朋克之母"。其后以自己的名字创立时装品牌，流行于英国和欧洲。
- **亚历山大·麦昆(Alexander McQueen)**：曾是英国最年轻的"英国时尚奖"(British Fashion Awards)得主，在1996～2003年之间共赢得4次"年度最佳英国设计师"(British Designer of the Year)，并曾获颁英帝国司令勋章(CBE)，同时也是时装设计师协会奖(Council of Fashion Designer Awards)的年度最佳国际设计师(International Designer of the Year)。2010年2月11日不幸逝世。
- **凯特·摩丝(Kate Moss)**：英国超级名模。她是十大最赚钱的模特儿的第2位，曾300多次登上各种时尚杂志的封面，如*Vainty Fair*等。她个人的着装风格亦被广为称赞，曾多次获选"最佳着装人士"。其最爱的混搭风格受到全世界时尚爱好者的推崇，并多次与流行品牌合作，推出限量单品。

政治界

- **丘吉尔(Winston Churchill)**：英国著名政治家、演说家、军事家和作家，曾于1945年出任英国首相，任期内领导英国在第二次世界大战联合美国，对抗德国，取得胜利，并自1951～1955年再度出任英国首相。丘吉尔被认为是20世纪最重要的政治领袖之一，对英国乃至世界均影响深远。此外，他在文学上也有很高的成就，曾于1953年荣获诺贝尔文学奖。在2002年，BBC举行了一个名为"最伟大的100名英国人"的调查，结果丘吉尔获选为有史以来最伟大的英国人。
- **纳尔逊将军(Horatio Nelson)**：英国18世纪末及19世纪初的著名海军将领及军事家，在拿破仑战争期间担任英国海军司令，是有史以来最伟大的海军指挥官。1805年爆发特拉法加战役，纳尔逊在战事中取得英国海军史上其中一次最重大的胜利，但自己却中弹阵亡，身后遗体运返英国，葬于圣保罗大教堂。纳尔逊被英国人普遍视为伟大的军事人物，他的英雄色彩在19世纪中叶开始得到宣扬，令他在第一次世界大战以前成为大英帝国与英帝国海上霸权的象征之一。即使到现代，纳尔逊在不少英国人心目中仍享有崇高地位，现今位于伦敦西敏区的特拉法加广场，即为纪念纳尔逊而在1843年建成的。
- **撒切尔夫人(Margaret Hilda Thatcher)**：英国历史上迄今唯一一位女性首相(1979～1990年)。
- **戴安娜王妃(Princess Diana)**：1981年7月29日与威尔士亲王查尔斯结婚，这场世纪婚礼于圣保罗大教堂举行，共有两千多位宾客被邀，全球共10亿人收看了电视直播。1997年8月31日因车祸死于法国巴黎。

体育界

- **大卫·贝克汉姆(David Beckham)**：足球界超级天王巨星，他的太太是前辣妹合唱团成员维多利亚。

科学界

- **沃森(James Watson)与克里克(Francis Crick)**：1953年在顶尖期刊《自然》发表DNA的双螺旋结构(Double helix)，奠定人类基因治疗和遗传疾病研究的基础。两人在1962年同获诺贝尔生理及医学奖。美国时代杂志更在1998年把沃森选为20世纪一百位最重要人物之一。

行前准备
preparation

出发前，要做哪些准备？

什么时候去英国旅行最好，这个单元告诉你英国的法定假日和节庆。此外，还教你如何上网申请签证，以及货币汇兑、行李打包的须知事项。

要先搜集资料	24
参考网络资源	24
根据预算，决定天数及玩法	25
掌握英国的法定假日和节庆	25
要准备的证件	27
护照	27
签证	27
国际学生证、国际青年证	29
国际青年旅舍会员卡	29
要先做的功课	30
住宿	30
货币	30
行李打包	33

要先搜集资料

善用网络・决定天数和玩法・掌握英国假日和节庆

　　搜集旅游信息是展开自助旅行的第一步。旅游前，资料搜集得越详尽，越有助于掌握行程的不确定性，也会更安心。亲自搜集信息、安排行程，不但会让自己对行程更了如指掌，也可以更深入体会目的地的风土人文特色。对即将前往的地方越了解，也越有助于将来对该地的回忆哦！行前一连串的资料搜集与行程安排，让你在踏出国门前，就已展开探险的旅程。

　　尤其现在有网络，对旅行者来说相当便利，不管是实时汇率、交通时刻表、住宿预订、景点推荐，都可以找到相关的多方面讨论。参考各方的意见再加上自己的想法，审慎地评估，就可以设计出最适合自己的行程！

参考网络资源

Visit Britain
（英文、中文等多国语言）
英国官方旅游网站，信息繁多，可查询英国各类活动日期与相关信息的网站。
网址：www.visitbritain.com

Britain Express
（英文）
分地区介绍英国各地的景点，包含各地各种住宿方式的介绍与预订。
网址：www.britainexpress.com

Time Out London
（英文）
伦敦最实时的吃喝玩乐大搜集。
网址：www.timeout.com/london

Visit London
（英文）
伦敦的旅游景点、活动、住宿、各种票券和交通信息，都可在这里找到。
网址：www.visitlondon.com

thetrainline
主要经营英国本土火车票的预订业务，从该网站越早订票（比如提前1个月、2个月），折扣越大。
网址：www.thetrainline.com

Lastminute
网站提供上百种文化艺术场所、旅游服务的打折票，包括歌剧、音乐剧、酒店、飞机、景点、餐厅等，文娱活动信息十分丰富。
网址：www.lastminute.com

Traveling in United Kingdom

行前准备

根据预算，决定天数及玩法

"机+酒"自由行

时下相当流行的"机+酒"自由行，适合预算不多、假期短、以城市观光为主的旅行者，一方面能确保旅游的自主性，另一方面又能省却寻找酒店的麻烦。

圣诞节期间，伦敦牛津街上会装点美丽的灯饰

全程自助行

全自助的旅游，什么规划都得自己来，尤其是长时间的旅游，则更须详细规划食宿交通的花费。当然，全程自助行的优点是有可能进行深度旅游。

自己规划行程时，可多参考他人的旅游经验。首先，得列出自己想去的景点和主要的旅游目的，例如：城市观光，参观博物馆、电影景点，或探访名人古迹等，并排定适当的参访时间。之后，再从地图上找出各景点的地理位置，并参考交通网站，评估所需的交通时间。此外，时间要安排得弹性一点，以便临时机动地调整行程。

倘若你想自助行，但旅游天数却又不太充足，那就不要太贪心，别什么地方都想去。因为那样不仅会浪费太多时间在交通上，玩得也不够深入，再加上频繁更换住宿地点，这些因素都很可能造成旅游时身心疲惫不堪。

掌握英国的法定假日和节庆

事先了解英国当地的法定假日(通称为：Bank Holiday)和特殊节庆，将有助你规划旅游行程。

法定假日

日 期	假 期	附 注
1月1日	元旦	
1月2日	新年假	只有苏格兰放假。
3月底4月初	复活节假期	3天～4天的连续假日，也就是春分月圆后的第一个周末。周末前的这个星期五是耶稣受难日(Good Friday)，因此从这一天开始放假，一直放到下一周的星期一结束，共放4天；不过，苏格兰则只放3天假。 耶稣受难日：2014年4月18日、2015年4月3日
5月第一个星期一	May Day Bank Holiday	
5月最后一个星期一	Spring Bank Holiday	
8月第一个星期一	Summer Bank Holiday	苏格兰不放假。
8月最后一个星期一	Summer Bank Holiday	只有苏格兰放假。
12月25日	圣诞节	交通停驶，商店休息。
12月26日	Boxing Day	

节 庆

日 期	节庆／地点	说 明
1月1日	名称：Hogmanay 地点：爱丁堡	苏格兰新年，从12月底就开始狂欢啰，新年期间，住宿一位难求哦！网址：www.edinburghshogmanay.org
1月1日	名称：New Year's Day Parade 地点：伦敦	伦敦新年大游行。在威斯敏斯特教堂与大本钟周边举行。 网址：www.londonparade.co.uk
2月	名称：Chinese New Year 地点：伦敦、曼彻斯特	英国的华人很多，自然少不了过中国年的气氛。中国新年时，大城市如伦敦、曼彻斯特，都有相关庆祝活动。
3月17日之前那个星期天	名称：London St. Patrick's Day Festival 地点：伦敦	为纪念守护爱尔兰的圣徒圣帕特里克，于伦敦举行的庆祝活动。英国各地也有纪念活动。 网址：www.london.gov.uk/stpatricksday
春分月圆后的第一个星期天	名称：Easter Sunday	复活节，各地都有庆祝仪式，也有属于小朋友的绘彩蛋活动。宣告春天正式到来，是英国的连续大假期。冬天时关闭的景点，从此时开始开放参观。
4月初	名称：Oxford and Cambridge Boat Race 地点：伦敦泰晤士河	牛津与剑桥大学划船赛。每年4月份，这两所英国高等学府会择日在泰晤士河划船较劲。网址：theboatrace.org
4月	名称：London Marathon 地点：伦敦	伦敦马拉松大赛，途经伦敦各大景点，不管是参加或观赛都很有趣。网址：www.virginlondonmarathon.com
7月中旬～ 9月中旬	名称：PROMS 地点：伦敦艾柏特音乐厅	夏季逍遥音乐会，一连串的平价音乐会。以PROMS in the Park（海德公园露天表演)和The Last Night (最后一场)最为热门。PROMS的露天表演近年也于其他城市举行，如曼彻斯特、格拉斯哥。网址：www.bbc.co.uk/proms
8月、9月	名称：Buckingham Palace 地点：伦敦白金汉宫	白金汉宫每年开放参观的唯一时段。
8月	名称：Edinburgh International Festival、Festival Fringe、Military Tattoo 地点：爱丁堡	爱丁堡国际艺术节、外围艺术节与军乐表演。世界级的重要艺术节，各种戏剧、音乐、舞蹈表演、正统的、实验性的艺术形式齐聚一堂。世界各地的街头艺人和游客都涌入爱丁堡旧城区。网址：www.edinburghfestivals.co.uk
8月第二个周四～周日	名称：Bristol International Balloon Fiesta 地点：布里斯托尔近郊	全球最大的热气球节，百颗热气球装点布里斯托尔天际。 网址：www.bristolfiesta.co.uk
8月最后一个周末	名称：Notting Hill Carnival 地点：伦敦	诺丁山嘉年华会在这个周末于伦敦的诺丁山举行。 网址：www.thenottinghillcarnival.com 利物浦则有披头士节(International Beatles Week Festival)。 网址：www.thecarnival.tv
9月	名称：Brick Lane Festival 地点：伦敦	伦敦东区的节庆，充满异国风味。
9月	名称：The Mayor's Thames Festival 地点：伦敦泰晤士河畔（大约在威斯敏斯特桥Westminster Bridge——伦敦塔桥Tower Bridge这一段之间）	英国伦敦泰晤士节。夜间嘉年华、音乐、舞蹈、烟火、街头艺人表演，这是少数持续到夜间的大型活动。 网址：www.thamesfestival.org
10月31日	名称：Halloween Night	万圣节之夜。
11月第一个星期天	名称：London To Brighton Veteran Car Run 地点：伦敦—布莱顿	"伦敦—布莱顿"老爷车赛。由伦敦海德公园出发至布莱顿的老爷车赛，参赛车全是古董车。 网址：www.vccofgb.co.uk/lontobri
11月5日	名称：Bonfire Night	福克斯之夜。英国各处都有烟火表演的民俗节日，为庆祝福克斯试图炸毁国会大厦未果。
11月第二个星期六	名称：Lord Mayor's Show 地点：伦敦	伦敦市长游行。伦敦的市长和许多团体会一同上街游行表演，还会放烟火哦！网址：www.lordmayorsshow.org
12月第一个星期四	名称：圣诞节庆祝活动开始	伦敦的特拉法加广场(Trafalgar Square)会立起挪威人赠送的超大圣诞树，并举行点灯仪式。牛津街和摄政街也会点亮圣诞灯，直到来年元旦过后。
12月24日	名称：Christmas Eve	圣诞夜，各地教堂举办子夜弥撒。
12月25日	名称：Christmas Day	圣诞节，所有商店都提早关门，大家都回家与家人团圆。
12月26日	名称：Boxing Day	法定假日，仅少数商店营业。百货公司准备开始大打折。
12月31日	名称：Hogmanay 地点：苏格兰	苏格兰除夕狂欢。

＊以上时间仅供参考，出发前请再次确认。

要准备的证件

护照・签证・国际学生证……

　　护照和签证是身在异国时最重要的个人身份证明文件。而在国际范围内承认的会员卡，如国际学生证、国际青年旅馆会员卡等则可以享受到一些优惠。

护照

以下状况需要办护照

❶ 第一次出国还没有办理过护照的
❷ 护照有效期不足6个月的需要更换护照

办护照需准备以下文件

❶ 近期免冠照片1张以及填写完整的《中国公民因私出国（境）申请表》（可从公安部出入境管理局网站www.mps.gov.cn/n16/n84147/n84211/n84364/4098828.html进行下载）；
❷ 居民身份证和户口名簿及影本（在居民身份证领取、换领、补领期间，可提交临时居民身份证和户口名簿及影本）；
❸ 未满16周岁的公民，应当由其监护人陪同，并提交其监护人出具的同意出境的意见、监护人的居民身份证或者户口名簿、护照及影本；
❹ 国家工作人员应当按照有关规定，提交本人所属工作单位或者上级主管单位按照人事管理许可权审批后出具的同意出境的证明；
❺ 省级地方人民政府公安机关出入境管理机构报经公安部出入境管理机构批准，要求提交的其他材料；
❻ 普通护照的办理及补发费用均为每本200元人民币，护照加注每项20元人民币。

护照这里办

1. 本人户籍所在地。可至本人户口所在地公安局的出入境管理处申请办理护照。
2. 非本人户籍所在地。截至目前，实施异地可申请护照的城市有：北京、天津、石家庄、太原、呼和浩特、沈阳、大连、长春、哈尔滨、上海、南京、无锡、常州、苏州、杭州、宁波、温州、嘉兴、舟山、合肥、福州、厦门、泉州、南昌、济南、青岛、郑州、武汉、长沙、株洲、湘潭、广州、深圳、珠海、东莞、佛山、南宁、海口、重庆、成都、贵阳、昆明、西安，共计43个。符合条件的可持有效的申请材料以及相关证明材料，向有关地方公安机关出入境管理机构提交普通护照的申办。但年龄在60周岁（含）以上，且在非户籍地居住6个月（含）以上的老人（登记备案国家工作人员除外）可不受上述限制，无论在哪个省、自治区、直辖市的暂（居）住地，都就近提交普通护照的申请。

＊以上资料仅供参考，出发前请再次确认。

签证

　　因为英国没有加入申根协定，所以持申根签证无法进入英国领土。中国公民要申请英国签证应到距离居住地最近的英国驻华使领馆在辖区内所设的签证申请中心提交申请。英国签证按照目的分为几类，短期观光办理标准访问签证类别即可，其有效期为6个月。

短期观光签证申办步骤

❶ 访问英国签证网（www.uk.cn））及移民局网站（www.gov.uk/check-uk-visa），并在线申请签证。接下来要根据自己的居住地，预约并且前往在中国的12家签证中心中的一家来完

成签证申请。所有申请人都必须提前预约。

❷ 预约申请的当天，提前15分钟到达签证中心。要带上预约单、申请材料、护照和身份证。根据签证中心的叫号单，按顺序递交申请及护照、照片、签证费和其他要求材料及有利材料。注意，一旦在签证中心递交申请后，将无法再次补充材料。所以，在申请时所递交的材料是审理签证是否被签发的唯一凭证。此外，还要保管好收据，以便将来领取资料时作为凭证用。

❸ 在签证中心录取指纹和照相（也称作生物资讯采集）。这包括数位指纹扫描（10个手指头）和数码照相。指纹扫描使用的是电子扫描器。要确保手指上没有任何形式的装饰（例如：指甲花染）、刀伤、磨损或者其他印记，因为这些都会影响提供有效指纹的可行性。数码照片必须包含整个面部，除去墨镜和任何彩色镜片，除宗教和医疗用途外，头部不可有任何遮挡物。

❹ 提交申请后，申请人会得到一个查询号码，可以在英国签证申请中心的网站上（www.ukvac.cn）在线查看签证申请的进展情况，或于2～3天后致电英国签证申请中心询问具体情况。

❺ 选择领取签证材料的方式。可自取或选择快递方式（需支付快递费用）。

申请签证时所需的材料

❶ 填写完整并签字的签证申请表
❷ 署名签字的护照
❸ 1张护照尺寸的照片（要求白色背景）
❹ 户口登记簿／户口卡
❺ 支付旅费的一方的资金证明
❻ 申请者单位在职和请假证明
❼ 旅行行程安排，包括机票和酒店的预订
❽ 签证申请费用835元人民币

英国签证这里办

北京英国签证申请中心
地址：北京市东城区东水井胡同5号北京Inn2号楼A座9层A区A901至919
办公时间：7:30~14:30

武汉英国签证申请中心
地址：武汉市武昌区中北路171号汉街总部国际c栋302
办公时间：8:00~15:00

沈阳英国签证申请中心
地址：沈阳市沈河区团结路9号（华府天地5号楼）10层2 & 3
办公时间：8:00~15:00

济南英国签证申请中心
地址：济南市历下区泺源大街22号中银大厦18层
办公时间：8:00~15:00

重庆英国签证申请中心
地址：重庆市渝中区民生路235号海航保利大厦33-B
办公时间：8:00~15:00

成都英国签证申请中心
地址：成都市武侯区人民南路四段3号来福士广场塔1四层01单元
办公时间：8:00~15:00

上海英国签证申请中心
地址：上海市黄浦区徐家汇路555号广东发展银行大厦3楼
办公时间：8:00~15:00

杭州英国签证申请中心
地址：杭州市下城区朝晖路203号深蓝广场1501-D
办公时间：8:00~15:00

南京英国签证申请中心
地址：南京市建邺区江东中路106号万达广场B座2304
办公时间：8:00~15:00

广州英国签证申请中心
地址：广州市天河区体育西路189号城建广场215
办公时间：8:00~15:00

深圳英国签证申请中心
地址：深圳福田区福华一路大中华国际交易广场北门西区25F-11
办公时间：8:00~15:00

福州英国签证申请中心
地址：福州市鼓楼区五一中路18号正大广场御景台20层
办公时间：8:00~15:00

＊以上资料仅供参考，出发前请再次确认。

国际学生证ISIC

国际学生证（ISIC，International Student Identity Card）是国际认可的学生证明证件，可享受博物馆、景点门票、电影票、住宿及交通工具票的优惠政策，是旅行的一大省钱帮手。只要是年满12岁的全日制在校生，出示学生证明即可办理。需要特别注意的是此证的有效期限，该证以新学期开学的9月作为划分界限。如果是9月以前办理的卡，那么有效期就是当年的12月底；如果是9月以后办理的卡，有效期则至隔年的12月底。

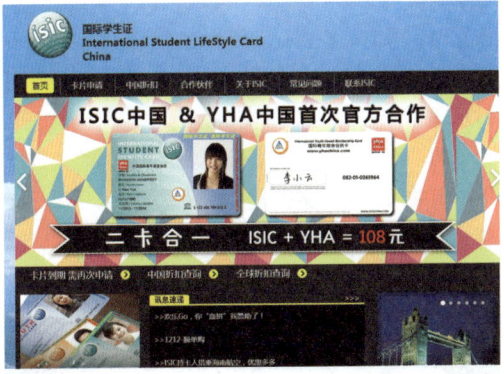

国际青年证IYTC

如果你不是学生，但属于26岁以下的青年，则可办理国际青年证（IYTC，The International Youth Travel Card），可享受飞机、火车、渡轮、巴士、汽车租赁、旅行团、餐厅、博物馆、电影院、观光景点、表演、购物等优惠，非常实用。此证自办理之日起，一年内有效。

国际青年旅舍会员卡(Y.H.A.)

想入住便宜的国际青年旅舍（Hostelling International），即使没有青年旅舍会员卡也可以投宿，不过费用会贵一点。若在你的规划行程中，大部分的住宿地点会选择这个联盟的青年旅舍，建议在出发前办理一张会员卡会比较核算。虽名为"青年"，但实际申办并没有年龄限制（12岁以下儿童不需要办理），一年有效，全球都可通用。

"国际三证"这里办

国际学生证ISIC
官方网址：www.isic.org
资　格：年满12岁的全日制在校生
所需文件：申请表、2寸近期证件照1张、学生证
费　用：人民币85元

国际青年证IYTC
资　格：未满26岁的青年人
所需文件：申请表、1寸彩色有效证件照1张、身份证或出生证明文件
费　用：人民币85元

国际青年旅舍会员卡(Y.H.A.)
官方网址：www.yhachina.com
资　格：无资格限制
所需文件：会员申请表（可线上填写，也可下载后填写）
费　用：人民币50元
办理方式：可网上在线办理，或邮寄至国际青年旅舍中国总部办理。也可至各家青年旅舍的前台办理，还可到各代理商处办理。

国际青年旅舍中国总部
办公地址：广州市天河区体育西路103号维多利广场A塔3606室（510620）
办公时间：周一～周五的9:00～18:00（12:30～14:00 为午休时间）

＊以上信息仅供参考，出发前请再次确认。

管理证件小提醒

请记得，所有证件都要复印或者用数码相机拍照备份。一份留给家人或者存放到自己的E-mail信箱里。若证件不慎丢失，可用此备份申请补办。

要先做的功课

住宿・货币・行李……

住宿

尽量预先订房

现在网络订房相当方便，而且经营者也大都接受信用卡付款预订。预订房间后，就会收到确认电子邮件，把它打印出来，就可作为订房证明了。要特别注意的是，网络订房的取消订房条款，例如：最晚什么时候可以取消订房？取消订房需支付多少费用……免得临时改变旅行计划而必须取消订房时，被多收了手续费（更详细的住宿信息，请见p.53"住宿篇"）。

货币

现金，20英镑以下面额最好用

现金，是最简易的货币携带方式，但却有遗失的风险，再加上英镑的币值极高，最好不要带大量的现金出游。提醒你，20英镑以下的小面额钞票最好用哦！

旅行支票，最安全划算的货币

旅行支票是相当安全且划算的货币携带方式，它的优点有：必须经过签名才可兑换，不慎遗失可以补发，未用完的旅行支票可依原汇率兑换回原币别。若旅行支票的面额很大，像是100英镑、50英镑，兑换时会被要求核查身份，这时把护照拿出来吧！

买旅行支票后，就立刻在上款签下与护照相同的签名，等到要使用、兑换时才要在下款签名哦！并将海外服务电话和旅行支票的号码记下，以确保旅行支票遗失时，能尽快补发。

旅行支票可在银行换成现金，兑换旅行支票时，要先问清楚是否要扣手续费、手续费又是多少。一般来说，在国内银行购买旅支时手续费都差不多，在0.5%～1%，在国外要把旅行支票直接换成现金时，当地兑换处会扣取不同的手续费。购买旅支时，可向购买银行询问旅游地区的兑换处与手续费信息。但仍建议兑换旅行支票前，身上有现钞可供基本交通与零用支出。

如果不太习惯使用旅行支票也没关系，英国对信用卡的接受度其实很高，所以不一定要用旅行支票，使用信用卡即可。

Travelex，是外币与旅行支票的兑换处

旅行支票小提醒

旅行支票遗失，怎么加快补发手续

为防万一，拿到旅行支票后，先把上款签了名的旅行支票和购买收据证明复印1份，然后和护照、签证复印本放在一起，这样就能加快补发的手续。

Traveling in United Kingdom

行前准备

英镑vs人民币的汇率怎么查

要知道当日的即期外汇牌价，可登录国内各家银行网站查询。
中国银行网址：www.boc.cn
中国工商银行：www.icbc.com.cn

货币名称	现汇买入价	现钞买入价	现汇卖出价	现钞卖出价	中行折算价	发布日期
澳大利亚元	534.22	517.74	537.98	537.98	534.01	2014-11-1
巴西里亚尔		226.15		247.35	236.54	2014-11-1
加拿大元	540.84	524.14	545.18	545.18	539.39	2014-11-1
瑞士法郎	636.54	616.89	641.86	641.86	635.07	2014-11-1
丹麦克朗	102.72	99.55	103.54	103.54	102.56	2014-11-1
欧元	764.91	741.31	770.29	770.29	765.26	2014-11-1
英镑	957.05	927.52	963.77	963.77	963.69	2014-11-1
港币	78.88	78.25	79.18	79.18	79.17	2014-11-1
印尼卢比		0.0485		0.0519	0.0501	2014-11-1

卖出价：指银行卖给你的价钱。如果此行是963.77，是指你用人民币963.77元可以买到100英镑。
买入价：指银行从你那里买进英镑的价格。

如何使用旅行支票

买旅行支票后，就立刻在上款签下与护照相同的签名，等到要使用、兑换时才要在下款签名哦！

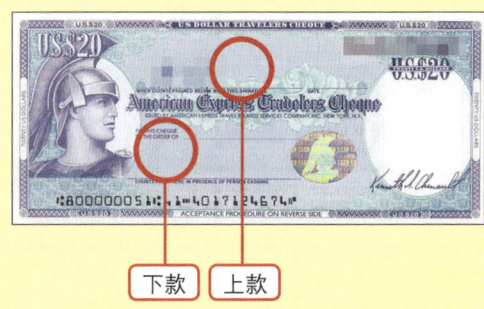

下款　上款

信用卡，在英国很好用

信用卡在英国的接受度很高，出国前可先向发卡银行询问可否临时调整信用额度。在英国，即使是在便利商店消费，也可以使用信用卡，小额刷卡也不会被拒绝。另外，也可向发卡银行申请跨国预借现金，以备不时之需，不过记得出国前要先设定密码，也要特别注意手续费怎么计算。

在英国以现金购物时，你会拿到一张收据；若是以信用卡消费，和一般刷卡步骤相同。但有时刷卡会被要求输入密码(Pin Code)代替签名。必要时，将会核对护照。

信用卡跨国预借现金，看这里

Visa、Master、Plus、Cirrus……这些都是可以使用信用卡预借现金的标志

跨国取款，出国前问清楚

英国银行的取款机都可跨国取款。银行里外都有ATM取款机，附近也都会有监视器。

但要注意的是，英国的ATM取款机并不识别国内所有银行的银行卡，因此，出国前一定要先询问发卡银行是否可跨国取款。部分信用卡也有跨国提款和预借现金的功能，这也需要事先询问你的发卡银行。跨国提款也会扣手续费，出国前也一并向银行问个清楚吧！

除了银行，有些小杂货店或公共场所也会设置取款机，可用借记卡取款或信用卡借款，不过这种机器可能会收取手续费，但它一定会显示要收手续费的信息（Extra Fee、Extra Charge之类的用词），若你不想被收取这笔费用或不想在这类取款机取款，按取消键（Cancel）就可退卡取消交易。

换汇，注意手续费

英国的银行和邮局都有换汇服务，但若临时要在英国买英镑或是想把旅行支票换成现金，Bureau de Change或是Currency Exchange，就是你要找的地方了。只不过英国几乎不接受以人民币直接换英镑，用美金和欧元来买英镑就绝对没问题。如果你身上没有美金或欧元，张望一下，看看换汇处是否贴了国际信用卡的标志，这就代表可直接用信用卡买英镑，方法就像买其他商品一样，只不过是刷卡买英镑现金。

那么汇率表到底要怎么看呢？只要记得，把别的货币换成英镑，是看"We Buy"那排；要把英镑换成其他货币，则是看"We Sell"。换汇的时

借记卡跨国取款，看这里

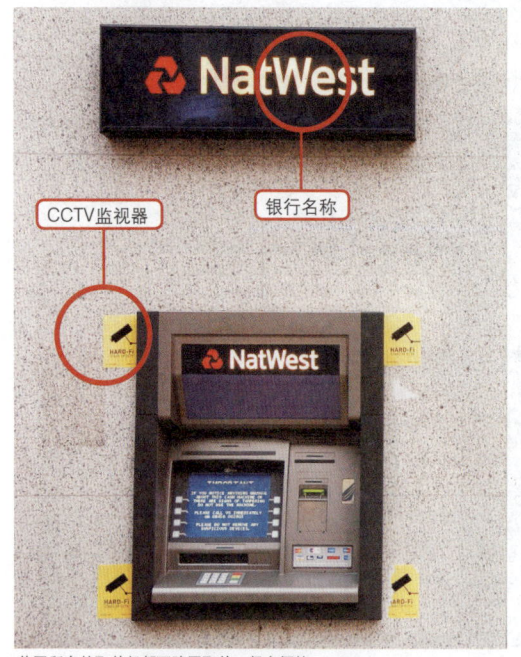

CCTV监视器

银行名称

英国所有的取款机都可跨国取款，很方便的

候要注意手续费(Service Charge、Commission Fee、Handing Fee之类的用词)怎么计算，看看是依照所换金额的百分比计算，或是每次交易扣一笔手续费，还是合并多种计算方式？最简单的询价方式，就是直接问："xx元的美金(或欧元)总共可以换多少钱的英镑？"

现金卖出　现金买进　旅行支票卖出　旅行支票买进

行李打包

准备"洋葱式"服装

欧洲航线的行李采用计重量、不计件数的计

算方式，一般经济舱可托运的行李重量皆为20千克左右，手提行李要依照航空公司规定，因此必须注意超重的问题。尽可能在抵达机场前确认行李重量，超重运费依每千克计算，而且非常昂贵！搭乘廉价航空可携带的行李更少，且收取超重费时更是绝不手软，无可通融。

服装方面，由于英国的天气变化无常，即使7月天也可能仅有15℃左右的低温，偏偏出太阳时又可能高达30℃以上，因此服装的准备很令人头疼。在英国，"洋葱式"穿着法是比较适当的，意即内穿短袖、外穿长袖、最外面再穿上外套，然后视天气状况穿脱衣物。打包衣物时，最好是准备容易穿脱的服装；鞋子则应携带好走好穿的平底鞋；正式服装则依行程需要，可准备一套。

另外，牙刷、牙膏、盥洗用品、拖鞋……对欧洲人而言都算私人用品，旅馆并不提供，必须要自行携带。

英国的阴雨天气，除了经常下毛毛雨外，刮风也是很平常的。下小雨时，英国人并不习惯撑伞，只有在下大雨或冰雹时才会撑伞。出大太阳时，也只有东方人才会撑起伞。此外，由于风很大，轻巧的雨伞并不适合英国的天气，会很容易被强风吹坏，所以最好携带能抗强风的伞。

另外，肉类、乳制品或相关产品(如方便面)属违禁品。带上飞机的手提行李，打包时需特别注意，所有的液体，包含各种乳液状、胶状的产品(例如粉底、乳液、牙膏、面膜等)，每个都只能装在容量不超过100毫升的瓶子里，然后再装入容量1升以内的透明塑料袋，方可通过安检。照相机、手机的备用锂电池，需置于随身行李中，不可托运！

行李打包小提醒

行李打包，怎样不超重

事先查询航空公司网站的行李限制说明，有些东西或许不会计入手提行李的重量，例如：外套1件、雨伞1把……善加利用，也可节省许多重量呢！

行李检查表

√	物品	说明
	重要物品类	
	护照	务必检查护照的有效期限,至少要有6个月有效期。
	签证	核对生效与截止日期。
	机票	务必检查机票上的姓名是否与护照相同。
	旅游保险单	仔细阅读保单内容,并谨记理赔所需文件。
	信用卡	记下海外服务电话。
	借记卡	事先向发卡银行确认可否跨国取款,并记下海外服务电话。
	旅行支票	先在所有人栏(上款)签名,以防遗失时被冒用。
	现金	英镑,以20镑以下的面额为主。
	国内驾照及公证文件	租车时必备。
	国际学生证·国际青年证·国际青年旅舍会员卡	行程中若有需要用到这些证件,建议可在国内先办好;还得注意证件的有效期限。
	护照、签证旅行支票复印件	各准备2份,1份留给家人,1份自己带着,但要跟正本分开放。
	证件大头照	可多带几张,若要在英国当地办一些证件用得到。若护照不慎遗失,补办的时候也可派上用场。
	行李锁、旅行贴身暗袋	重要文件物品一定得随身携带。
	个人用品类	
	牙刷、牙膏、盥洗用品	属于个人用品,一般旅馆不会准备,须自备。
	内衣裤	也可以带欲淘汰的内衣裤、袜。
	防晒乳液、保湿乳液	气温虽不一定很高,紫外线还是很强,要注意防晒。另外,气候干燥,最好携带保湿乳液。
	化妆保养品、生理用品	依个人需要携带,英国也买得到。
	吹风机、刮胡刀	请携带支持国际通用电压的产品。
	眼镜、隐形眼镜	习惯使用隐形眼镜者,建议多带一副普通眼镜,因为在英国需要医生处方才能购买隐形眼镜。
	太阳眼镜、雨具	遮阳、遮雨,还要够坚固,能抗强风。
	正式服装	观赏正式表演或上高级餐厅时,须着正式服装。
	防风外套、帽子	夏天早晚温差大、风也大,防风保暖的外套是必备品;冬天则须注意头部保暖。
	闹钟、指甲刀、针线包	青年旅舍没有起床唤醒服务,自备闹钟或有闹钟功能的手机,才不会睡过头哦!指甲刀、针线包只需携带小型的即可,并置于托运行李中。
	常备药品	个人常用药品可多带一份,并分开放;个人有特殊用药可携带处方,以便开药。一般止痛药、感冒药等成药,英国的便利商店亦有出售,不用处方就能买到。止痛药的成分名:Acetaminophen。
	笔、通信录、记事本记账本	笔,可多带几支并分开放。通信录,在写明信片给亲友时很方便。记事本,可随时记录自己的旅游心得。记账本,有助控制花费。
	小字典、电子词典	方便随时查阅关键单词。
	地图、旅游资讯	选择适合自己阅读习惯的地图和旅游图书,并做好笔记,事半功倍!
	保鲜盒、保鲜袋、水瓶	打开英国的冷水水龙头,就可以用水、喝水。另外,自己做饭或吃三明治也可以省不少钱哦!
	相机、手机	相机可携带一个备用电池,而手机可到当地买易付卡即可开拨通话。
	相机记忆卡、储存装置电池、充电器	英国冲印店虽有刻录光盘的服务,但并不普遍,收费也不便宜。尽量携带足够的储存装备。手机充电座也别忘了!
	电器转换插座与变压器	英标旅行转换器。
	个人备注	

制表/李芸德

机场篇
Airport

抵达机场后，如何顺利入出境？

入境英国、从英国出境，该怎么做？从希斯罗机场到伦敦市区或其他地方，有哪些交通方式？怎么搭乘？怎么买票？照着步骤做，就能顺利来去英国。

认识希斯罗机场	36
如何办理入出境手续	37
如何从希斯罗机场到伦敦市区	43
如何从希斯罗机场到其他城市	49
如何从伦敦市区前往希斯罗机场	49
应用英语	52

搭希斯罗特快列车,是最快抵达伦敦市中心的交通方式

伦敦市中心的帕丁顿火车站站台

下火车后,可租用放行李的手推车

前往第1、第2航站巴士站、地铁站走这里

希斯罗机场是国际机场,非常繁忙

电子屏幕会告知旅客班机及登机信息

认识希斯罗机场

希斯罗机场,是世界上最繁忙的机场之一

伦敦有5座机场,中国航班飞抵的机场为希斯罗机场(Heathrow Airport,机场代号为LHR)。其余4座机场分别为:Stansted(STN)、Gatwick(LGW)、Luton(LTN)、City(LCY)。前3座也是国际机场,有许多航班飞往欧洲与英国境内;最后一座机场City则是较小的商务机场。

希斯罗机场是世界上最繁忙的机场之一,共有5个航站(Terminal),每年有超过46万架次的班机起降。搭亚洲班机往返伦敦时,大都是在第3航站(T3)起降,例如:中国国航(CA)、中国东方航空(CE)、国泰航空(CX)、新加坡航空(SQ)、泰国航空(TG)、维珍(VS)。其他班机如:越南航空(VA)、荷兰航空(KM)、澳大利亚航空(QF)于第4航站(T4)起降;英航(BA)大多停于第5航站(T5);新西兰航空(AZ)和bmi航空则于第1航站(T1)起降。由于多数亚洲航线起降于第3航站,因此本"机场篇"将着重介绍第3航站。不过,其余航站的模式也大同小异,只要依循相关指示即可,不用太担心。

画面截取自希斯罗机场网站:www.heathrowairport.com

Traveling in United Kingdom

机场篇

如何办理入出境手续

一定要准备：入出境卡 + 护照 + 来回机票

抵达英国时，要办入境手续

1 抵达 ···▶ 2 海关人员检查 ···▶ 3 提领行李 ···▶ 4 入境英国

Step 1 抵达 Arrivals

飞机抵达伦敦前，空乘员会发入境卡(Landing Card)给需要的旅客，进入机场海关前也有可索取入境卡的地方，请先依规定用英文填写好入境卡，以免接受询问时手忙脚乱徒增麻烦。下了飞机后跟着入境(Arrivals)的指示标走，就会抵达海关处。

入境登记表 (已有中文版本登记表)

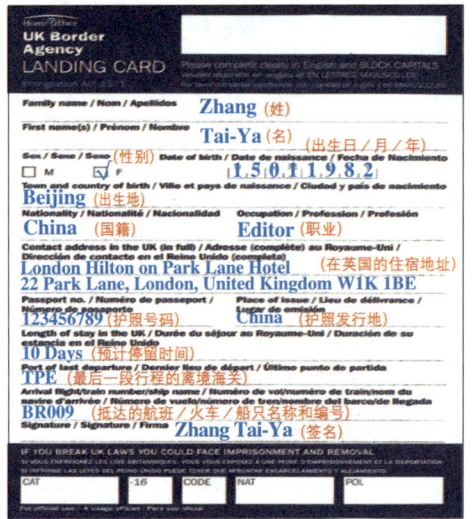

Step 2 海关人员检查 Immigration Control

进入海关时，要注意须依身份排队。一边是外国人、非欧盟国家人士(Foreigner、Non-EU)，一边是英国及与欧盟人士。持中国护照当然是排外国人这一排了！排错可是不会被受理的。

排队请站在等待线后方，在柜台空下后再迈步上前，并将护照、填写好的入境卡、来回机票递交给海关人员。海关人员会简单询问一些问题，如旅行目的、居住地、停留天数、职业等，只要照实简答即可(请参见p.52 "应用对话")。此外，移民局人员可能还会要求输入指纹。若没问题，海关人员会在护照上盖入境章，这样就可通关了。

Step 3 提领行李 Baggage Reclaim

过了海关后，便可前往行李提领处领取托运的行李。由于同一时间抵达的航班很多，要注意屏幕上显示的航班编号和对应的行李转盘，才不会找不到行李。

Step 4 入境英国 Customs Control

提领行李后就可以准备入境英国了。入境英国的行李是采取抽查制，海关和安全人员会随机拦检抽查。若携带的物品超过限额，最好还是乖乖走红色柜台自行申报，否则被查到了不但要罚款，以后每次出入境也会增加受检的麻烦。

入境英国小提醒

入境英国的免税品限额(17岁以上旅客)

烟草类：香烟200支，或小雪茄100支，或雪茄50支，或250克烟草。
酒精类：1升烈酒或2升普通酒，或4升一般餐酒或16升啤酒。
其 他：60毫升的香水、300英镑以内的礼品。
请注意：任何肉类与乳制品一律禁止携带进入英国，携带等值10 000欧元以上的现金、旅支和汇票入境时，须申报，以免受罚。

海关、入关处 1楼 抵达英国时用的

①～⑪

管制区内托运行李提领处 (Baggage Reclaim)
请依照班机编号，到对应的行李转盘处取行李。

联外通道
阶梯前往地铁与中央巴士站，并有步行通道前往第一航站，以及火车前往第四、五航站与伦敦市中心。

管制区内服务台
提供机场内相关服务与指示。

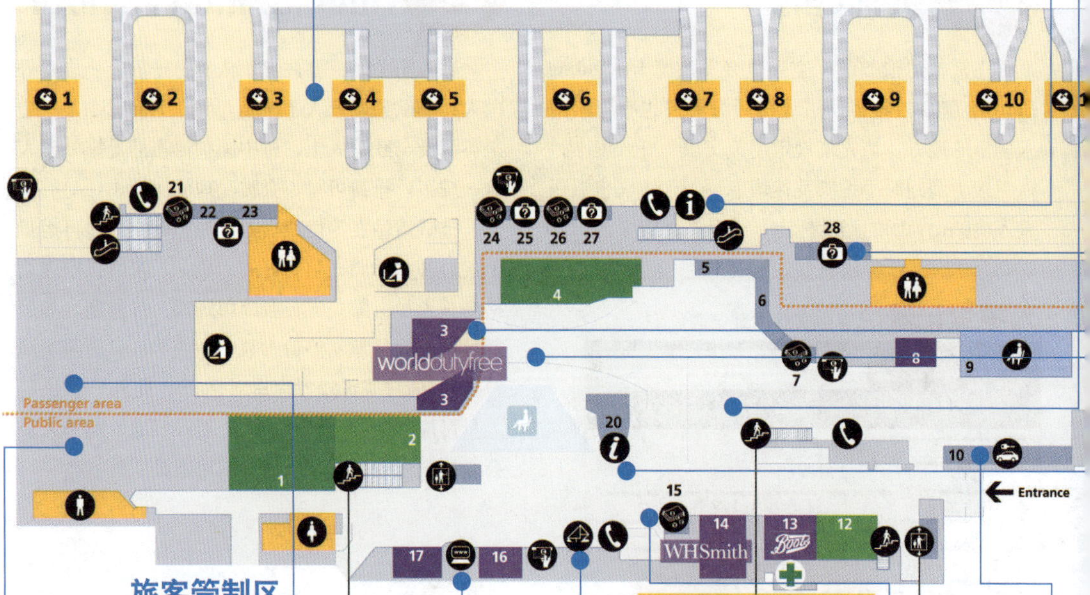

Terminal 3
Arrivals Ground floor

旅客管制区 (Passenger Area)
旅客下机后，办理入境、提领行李的管制区域。

18 Multi-faith prayer room
19 American Airlines lounge
Departures

邮箱

Down to:
Underground
Central Bus Station
Terminal 1 walkway
Trains to London & Terminals 4, 5

Up to
11 Virgin Atlantic Revivals lounge
T3 short stay carpark

公众区 (Public Area)
接机服务与连接市中心交通的公众区域。

上网服务
提供上网电脑，须付费使用。
★航站内提供免费无线网络

⑩ 租车服务处
位于联外通道前的租车柜台。

画面截取自希斯罗机场：www.heathrowairport.com

Traveling in United Kingdom

机场篇

Shopping	
Boots	13
Excess Baggage Company	8
Voyager Entertainment family	17
Voyager Entertainment 18+	16
WHSmith	14
World Duty Free	3

Food and drink	
Cafés	
AMT Coffee	12
Bite	2
M&S Simply Food	4
Bars & restaurants	
The Globe Freehouse	1

Services			
Airline lounges		Bureau de change	
American Airlines lounge	19	American Express	21, 26
Emirates Chauffeur Drive Lounge	9	Travelex	7, 15, 24
		Car rental	10
Virgin Atlantic Revivals lounge	11	Cash machine	
		Chauffeur service	6
Baggage enquiries	22, 23, 25 27, 28	Customs	
Baggage reclaim		Escalator	
British Hotel Reservation Centre Shop and Collect pick up point	20	Help point	
		Internet facility	
		Lift	
		Meeting point	

Multi-faith prayer room	18
Pharmacy	
Postbox	
Seating	
Stairs	
Telephone	
Toilets	
Accessible toilet	All
Baby care	All
Drinking fountain	All
Tourist information	
UK Border Agency	5

Free Wi-Fi is available throughout the terminal

这里提供前往伦敦市中心的交通资讯

机场服务台

入境接机处

㉒ ㉓ ㉕ ㉗ ㉘
管制区内行李协寻柜台(Baggage Enquires)
若行李不慎遗失，须立刻到自己所搭乘班机所属的航空公司柜台办理报失。行李遗失，须填写遗失申请表、登录行李标签号码（通常会贴在机票或登机牌后方，为条码与数字的组合，并记录航班编号、日期和目的地）。要尽可能详细描述行李外观以助协寻，并留下自己在英国的联系方式与地址，以便行李找到后能尽快送还给你。

入关处
领完行李即可前往入关，两侧会有安检人员和海关人员随机抽查行李，若未被抽查则直接通关，旅客管制区门口前两侧是免税商店(World Duty Free)，离开走出之后即可到达接机处。

接机处
接机者都会在这里等候。

服务台(Tourist Information) ㉚
可预约住宿旅馆及提供机场内相关服务与指示。

⑦ ⑮ ㉑ ㉔ ㉖
换汇处
海关处、入关处里外都有换汇银行。American Express的地图编号为㉑㉖ Travelex的地图编号为⑦ ⑮ ㉔（汇兑资讯，请看p.30"行前准备篇"）。

机场换汇银行

机场租车服务

离开英国时，要办出境手续

1 离境航站 ⇢ **2** 办理退税 ⇢ **3** 报到区域 ⇢ **4** 出关候机

希斯罗机场是个相当繁忙的机场，搭乘国际航班最好提前2～3小时抵达，办理相关手续。

Step 1　离境航站 Departures

不论你是搭乘哪一种交通工具前往希斯罗机场，抵达后，请依照"离境(Departures)"指示标前往你要搭机的航站(Terminal)。如果是要去机场接机，则应往"入境(Arrivals)"的方向走。

Step 2　办理退税 Tax Refund

如果有需要退税的物品，请在登机前到退税柜台办理手续。切记，必须随身携带要退税的物品，以便检查与退税。退税柜台经常会大排长龙，请多预留一些时间，以免错过搭机时间。打包行李时需注意贵重物品的收纳，有时旅客会被告知须通过离境检查处(Departures Gates)后才能办理贵重物品退税。

Step 3　报到区域 Check-in Zone

抵达航站后，电子屏幕"Where to Check In"会显示班机起飞时间、目的地、班机编号，这样一来你就知道该去哪个区域办理报到了，找到所属区域(Zone A～G)，就可前往柜台报到了！

Step 4　出关候机 Boarding

到柜台办理登机手续与托运行李之后，就会拿到登机牌(Boarding Pass)，再依循前往离境检查处(Departures Gates)指示标上2楼。准备好护照和登机牌即可出关，接着会做安全检查，然后就是最后的免税购物时间喽！记住登机牌上载明的登机时间和登机口，免税购物区各处也都设有电子屏幕，实时更新所有的航班信息，请随时注意班机是否临时变更登机口、登机时间和登机广播。

 **出境英国步骤**

1. 离境航站 → 2. 办理退税 → 3. 报到区域 → 4. 出关候机

前往各航站看这里 ｜ 退税柜台看这里 ｜ 报到区域看这里 ｜ 前往离境检查处

Traveling in United Kingdom

出境报到处 <small>1楼 离开英国时用的</small>

报到区域 各航空公司的报到柜台 Zone A~G

Terminal 3
Check-in Ground floor

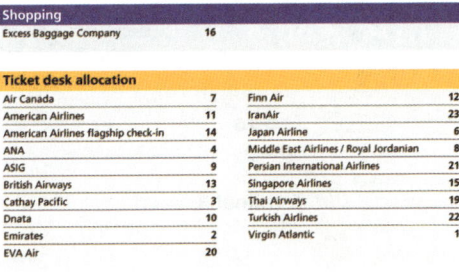

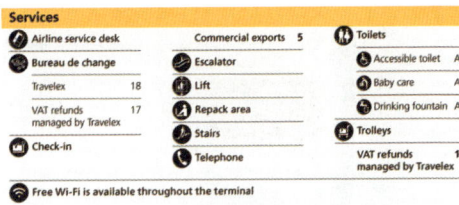

行李重新打包区
提供磅秤，以方便旅客重新打包行李。

❶ 退税处 (VAT Refunds)
办理退税，请参照p.40 Step2 和p.116"玩乐购物篇"。

❶ 汇兑处

行李重新打包区
提供磅秤，以方便旅客重新打包行李。

<small>画面截取自希斯罗机场网站：www.heathrowairport.com</small>

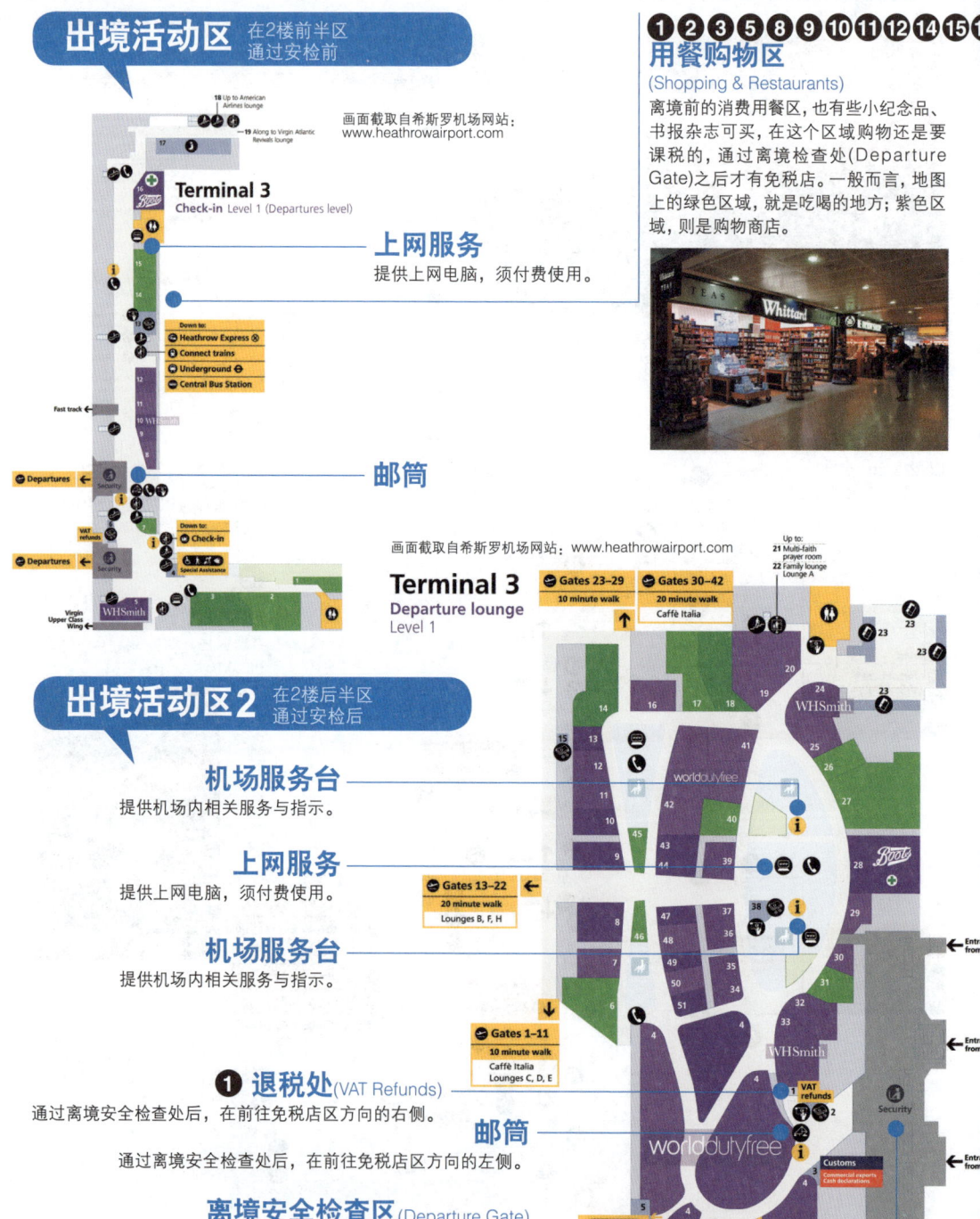

Traveling in United Kingdom

机场篇

如何从希斯罗机场到伦敦市区

通关、入境英国后,会看到一个黄地黑字的告示牌,标示有各种离开机场的交通方式。其中,第一行的Trains,是指希斯罗特快列车(Heathrow Express)和希斯罗平价火车(Heathrow Connect),这是两种进入伦敦市区的火车。第四行的Central Bus Station,是指中央巴士站,可搭乘长途客运和当地公车前往伦敦市区。第五行的Underground,则是指地铁车站,可搭乘地铁前往伦敦市中心。

搭希斯罗特快列车

希斯罗特快列车,是往返于伦敦希斯罗机场和伦敦市中心帕丁顿(Paddington)火车站的高速火车。

银色车身,代表希斯罗特快列车的二等舱(Express Class)

蓝色车身,代表希斯罗特快列车的头等舱(First Class)

希斯罗特快列车搭乘信息 折扣:国际学生证减价25%、英国青年火车卡减价1/3(限持卡至柜台购买)

起讫点	停靠站	车程	票价		营运时间/班次
希斯罗机场→市中心帕丁顿(Paddington)火车站	希斯罗机场中央站(第1、2、3航站)和第5航站、前往第4航站可免费转乘希斯罗平价火车(Hathrow Connect)	15~23分钟	二等舱 单程:£21 (网上购票£21) 来回票:£34(1个月有效)	头等舱 单程:£29 (网上购票£29) 来回票:£52(1个月有效)	05:10~23:50 约15分钟一班车

＊以上信息时有变动,出发前请再次确认。

如何搭乘火车

 购票 ···  站台候车 ···  核对车厢 ···  抵达转乘

Step 1 购票

入境后，顺着蓝地白字的大指示标，就可到达希斯罗特快列车(Heathrow Express)的售票处。可至人工售票处购票，更方便的方法是直接用自动售票机买票。

跟着路标走，就是前往火车候车站台的方向

看懂希斯罗特快列车的车票(来回票)

购票日期	来回票
回程有效期限	起点站
去程查票戳记	
车厢等级	终点站
回程查票戳记	
	票价

Steps 搭乘火车步骤

1. 购票 → 2. 站台候车 → 3. 核对车厢 → 4. 抵达转乘

自动售票机 / 要注意安全 / 注意车门标志 / 行李别忘了

Traveling in United Kingdom

机场篇

站台候车

买票后就可直接进站台等车了。候车站台的墙面有电子显示屏，会标示下班车何时到站、停靠的站台以及目的地。

核对车厢

火车来了，核对一下车票，再看一下车门上写的内容，看是不是你要搭的车厢等级（头等舱为First Class，二等舱为Express Class）。还有，车上一定会有人查票，所以别把车票丢了。

抵达转乘

车程约20分钟，即可抵达伦敦市中心的帕丁顿(Paddington)火车站。从这个火车站可转乘伦敦地铁系统。也可搭火车前往英国其他地方。

购票小提醒

上网买票享折扣

购买一般车票可先在希斯罗特快列车官方网站(www.heathrowexpress.com)订票，凭购票代号和付款用的信用卡，即可在机场或火车站的售票机上自行打印车票。但若有国际学生证或16-25铁路折扣卡，只有到人工售票口购票才享有优惠。车上购票则多收£5的手续费。

画面截自希斯罗特快列车官方网站；http://www.heathrowexpress.com

列车时刻　目的地　停靠站台

显示屏　　行李架

这是希斯罗特快列车二等舱内部，上车后有空位的地方就可以坐

DOOR OPEN按键

要去别的车厢，先按墙壁上的开关(DOOR OPEN)键，门才会打开

搭希斯罗平价火车

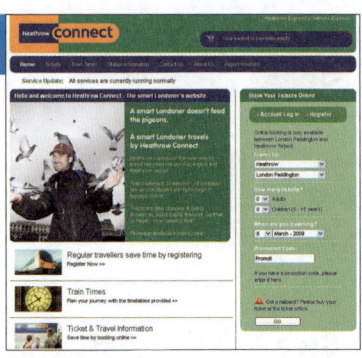

画面截取自希斯罗平价火车网站：www.heathrowconnect.com

希斯罗平价火车(Heathrow Connect)是当地火车，联结希斯罗机场中央站、第4航站与伦敦市中心的帕丁顿(Paddington)火车站。票价介于希斯罗特快列车与地铁之间，使用16-25铁路卡还可享1/3折扣(16-25铁路卡相关信息，请参见p.69“英国交通篇”)。

希斯罗平价火车的搭车处、购票处和希斯罗特快列车一样，但要注意，两种车票不可共享。希斯罗机场售票处的营业时间是04:50～24:00，伦敦市中心帕丁顿火车站售票处则是24小时营业。

希斯罗平价火车搭乘信息

起讫点	停靠站	车　程	票　价	营运时间／班次
希斯罗机场→市中心帕丁顿(Paddington)火车站	希斯罗第4航站 希斯罗中央站 (途经5个伦敦周边车站)	30分钟	单程票：£9.90(有16-25铁路卡，享1/3折扣) 来回票：£19.80(一个月有效) 折扣：5～15岁儿童半价、16-25铁路卡享1/3折扣	04:00～23:50 约30分钟一班车 (周日每小时1班)

＊以上信息时有变动，出发前请再次确认。

往返机场和伦敦市区的各种交通工具

路线 Route	班次 Approx. Frequency	预估到伦敦的车程 Approx. Journey time to central London
特快列车 Heathrow Express	15 mins	21 mins
平价火车 Heathrow Connect	30 mins	25 mins
地铁皮卡迪利线 Underground train (Piccadilly line)	5-10 mins	1 hr
巴士 National Express Coach	every 5-30 mins	50 mins-1 hr 5 mins
出租车 Taxi	on demand	30 mins-1 hr

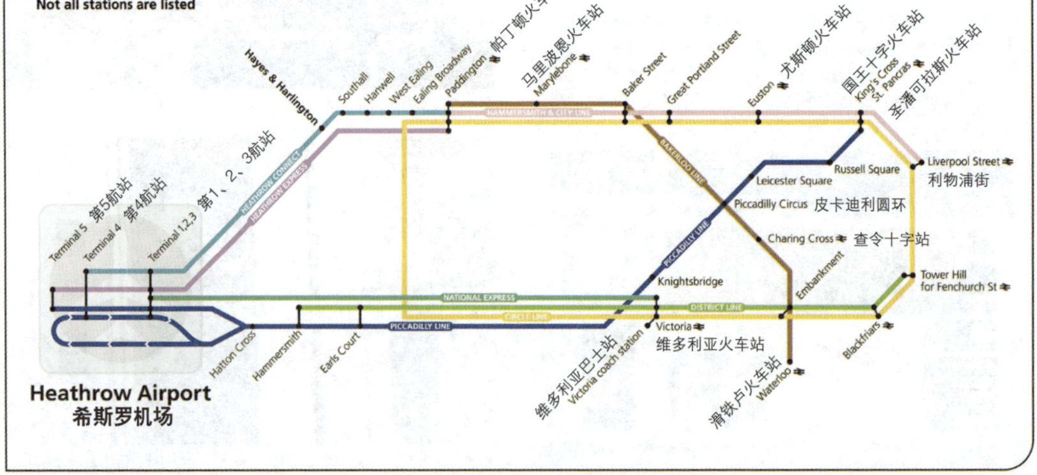

画面截取自希斯罗机场网站：www.heathrowairport.com

Traveling in United Kingdom

机场篇

搭巴士

从希斯罗机场的中央长途巴士站(Central Bus Station)搭乘National Express长途巴士，前往伦敦市中心的维多利亚长途巴士总站(Victoria Coach Station)，车程约50分钟。长途巴士车票售票柜台和乘车处，位于希斯罗机场第3航站的接站处最末端，也就是一整排出租车服务柜台的最后面，买了票后，就可以去搭车了。

中央巴士站也有前往英国各地的路线和直达牛津的Oxford Bus，还有夜间巴士或当地巴士前经伦敦西侧区域。

售票处　站台乘车口

购买长途巴士票券

如果是在机场的乘车售票处现场买车票，票价不仅没有折扣，可能还会因为座位卖完了，而必须搭下一班车。这里建议采用比较保险的方法——事先上网预订电子车票，方法如下：

Step 1 进入英国长途巴士官方网站：
www.nationalexpress.com

Step 2 在网站左侧输入起点(From:Heathrow Airport)、终点(To:London)、日期、搭车时段，并选择要单程(One Way)、来回(Return)或回程不划位的来回票(Open Return)，按下"Find Coach Times & Fares"键，系统就会跳出许多符合你设定条件的班次。

Step 3 接下来，就是选择搭车时间与票种。要买学生票必须另外持有青年巴士卡(相关信息，请参见p.72"英国交通篇")，其他卡都不接受，没有这张卡，就只能买成人票啰！

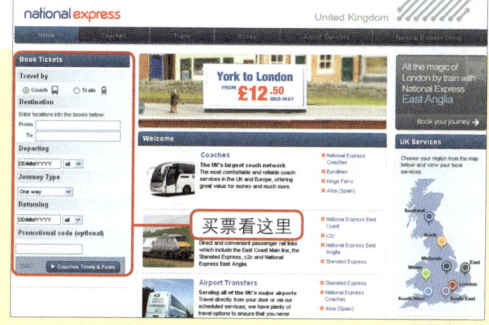

买票看这里

画面截取自英国长途巴士官方网站。www.nationalexpress.com

Step 4 接着会跳出票价，从希斯罗机场到伦敦市中心，单程票£5～£6，来回票则是£10～£12。

Step 5 以信用卡付款，并选择寄送电子客票(E-ticket)到电子信箱中。

Step 6 完成扣款与确认，屏幕上会出现购票明细与编号，你的电子信箱也会收到购票确认信，这就是车票了，将它打印出来带着，上车前给司机看一下就可以了。

长途巴士搭乘信息

＊以下信息时有异动，出发前请再次确认。

起讫点	搭乘处	车程	票价	营运时间／班次
希斯罗机场→伦敦市中心	中央长途巴士站	约50分钟	单程：£6起 来回：£11起	・自希斯罗机场发车05:35～21:40 ・自伦敦市中心发车07:45～23:30 ・每小时至少有两班车

注：以上信息以希斯罗第三航站(T3)到伦敦市中心的维多利亚巴士总站为例，其他航站时间和票价组合可在长途巴士网站查询与订票。

搭地铁：皮卡迪利线(宝蓝色)

> **搬运行李小提醒**
> **利用手扶梯和电梯，轻松搬运行李**
> 伦敦地铁陆续增设许多手扶梯和电梯。这些免于走楼梯的地铁站信息，在地铁官网www.tfl.gov.uk输入关键字step-free或avoiding stairs，就可以查到。

英国的地铁称为Underground或Tube。宝蓝色的皮卡迪利线(Piccadilly Line)可从希斯罗机场直通伦敦市中心，车程约50分钟。地铁虽可方便到达伦敦市中心，也能在市中心转搭前往各地铁线，但伦敦的地铁系统因开发得比较早，所以不是每个车站都有电梯或手扶梯，倘若要搬行李，之后又要转车，那这趟路会走得很辛苦。

 顺着指示标走

顺着希斯罗机场里的"Underground"指示标走，就会找到地铁站。从入境处走到地铁站大约要10分钟，其中某些路段会有输送带。

 购票

到地铁站后先找伦敦地铁图，看看自己的目的地位于伦敦哪一区，然后再去买票。地铁车票可在自动售票机或人工售票口买，要到伦敦市中心(Central London)必须买涵盖第1～第6区(Zone 1 to Zone 6)的全区车票。

 站台候车

买好车票后，刷车票进站台，站台上方的指示会告诉你，下一班车会停靠在哪一边的站台。车票要收好哦，出站时还要再刷一次卡，才能出闸口。

 抵达・转乘

上车后，门边有地方可以放行李，但还是要多留心自己的行李。地铁车厢内有地图，电子显示器会标示下一站的站名，入站时也会进行广播。稍微注意一下，就不会坐过站。

地铁搭乘信息

起讫点	路线	车程	票价	营运时间／班次
希斯罗机场各航站→伦敦市中心	皮卡迪利线(宝蓝色) Piccadilly Line	约50分钟	单程：£5.7(现金)、£5.0(悠游卡高峰)、£3.0(悠游卡低峰) 高峰时段：周一～周五06:30～09:30(Zone 1～6，涵盖伦敦全区)	05:10～23:50 每5~12分钟一班车

备注：周末的车次会比较少、间隔时间也比较久，某些路线也可能不营运而必须转车，这是因为英国的交通维修都在周末进行，所以假日搭车不是很方便。

＊以上信息时有变动，出发前请再次确认。

Steps 搭乘地铁步骤

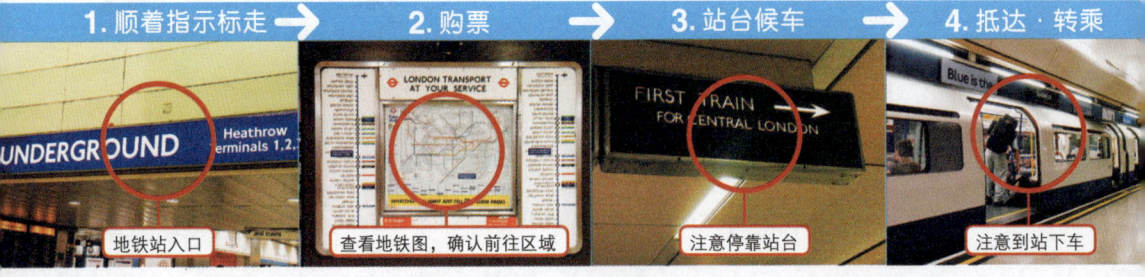

1. 顺着指示标走 → 2. 购票 → 3. 站台候车 → 4. 抵达・转乘

地铁站入口　　查看地铁图，确认前往区域　　注意停靠站台　　注意到站下车

Traveling in United Kingdom

机场篇

搭出租车

计程车搭乘信息

起讫点	路线	票价
希斯罗机场 → 伦敦市中心（大约25千米）	机场入境处的出租车乘车处	£45~£85（依搭乘时段和路况不同而定）

＊以上信息时有变动，出发前请再次确认。

亮灯表示空车

如何从希斯罗机场到其他城市

若从希斯罗机场入境英国，但目的地不是伦敦市中心，则可在机场的中央长途巴士站(Central Bus Station)搭乘不进伦敦的长途巴士，直接前往其他城市。不过，要去英国其他地方，很可能还是需要到伦敦市中心转车，因为伦敦市中心的维多利亚长途巴士总站，有各种长途客运路线，几乎能前往英国任何城镇。

若不搭长途巴士，就得转飞机，目前还没有火车路线有此服务。英国几乎各大城市都有机场，像爱丁堡、曼彻斯特、伯明翰、加的夫等地都有国际机场，若要前往伦敦以外的城市，可选择飞到距离目的地最近的机场再转车。

如何从伦敦市区前往希斯罗机场

从伦敦市区前往希斯罗机场的方式就跟来的时候一样，搭车的地方和方法也一样，只需稍微注意搭车站台的不同。简单地说就是：怎么来，就怎么去！

近年来因希斯罗机场往来旅客众多，且行李安全检查比较严格，最好提早前往机场，预留2~3小时的时间，以便办理登机手续。

搭希斯罗特快列车

和入境时一样，希斯罗特快列车也是出境时最快捷的运输方式。从帕丁顿(Paddington)火车站发车、前往机场的希斯罗特快列车，在第6、第7站台发车。站台上和站台边都有希斯罗特快列车的电子售票机，当然也可到人工售票处购票，只不过要多花点时间排队。

电子购票

抵达帕丁顿火车站后，直接前往希斯罗特快列车专属电子售票机买车票。电子售票机也接受信用卡付款。

人工购票

抵达帕丁顿火车站后，到希斯罗特快列车专用人工售票亭买票。售票亭就在站台前方，上方的标示是蓝地白字，写着"Heathrow Express Tickets"。这里也接收信用卡付款。

电子购票方法

Step 1 画面上会显示很多种类型的车票，不过一点都不复杂，都是一些很简单的单词，选择你要的车票种类：
- Express Class (二等舱)、First Class (头等舱)
- Single (单程票)、Return (来回票)
- Carnet (一整本的次数票)
- 若你已在网络上订了票，就选 "Pre-Pay"

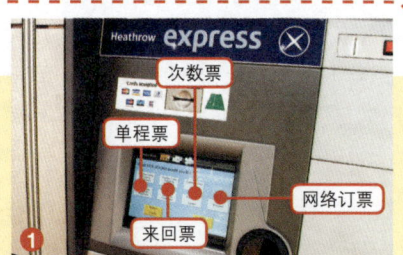

Step 2 若一次要买很多张票，就按画面左下角的黄色按钮。买儿童票，则按画面右下角的选项。

Step 3 选好要买的票种和数量，画面会显示最后确认，并显示价钱。若需要购票收据，则按画面右上角的 "Press For Receipt"。

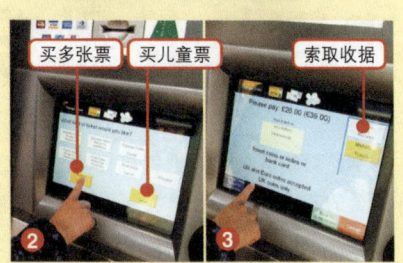

Step 4 付款方式可用英镑硬币、英镑或欧元钞票，也接受各种常用信用卡。若要用信用卡付款，只需把信用卡正面朝上，插入读卡插槽，画面显示联机完成，付费过程即可完成。

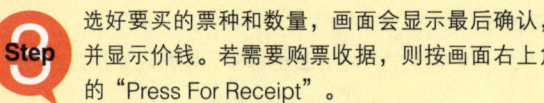
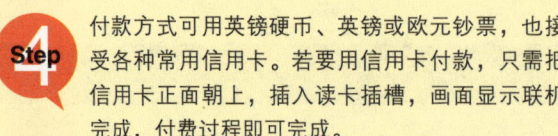

Step 5 完成付款，机器会打印票卡，取出车票和收据。

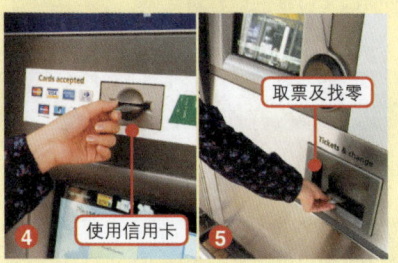

Traveling in United Kingdom

机场篇

前往站台候车

去搭车啰！希斯罗特快列车在帕丁顿火车站的专属站台发车，在第6站台和第7站台，这两个站台都可以搭车，放心，这里不会有其他路线的列车！

到站下车

会先停靠希斯罗中央站，再前往第1～3航站，或在此转乘其他车辆至第4航站。特快列车将继续停靠第5航站。

顺着指示标走

顺着头顶上的指示标，走向你要登机的航站。到机场大厅要走一小段路，不妨租个手推车。只要投入1英镑硬币，就可解开钥匙。归还时，把钥匙插入钥匙孔，即可退币。

抵达离境大厅

走到底，就会看到前往离境大厅的电梯了。

搭巴士

可到维多利亚长途巴士总站搭巴士。到达车站后，先到售票中心(Ticket Hall)买票。记得哦，所有车票都是在这里买，没有例外。注意车站大厅的电子显示屏幕，看清楚要搭的巴士班次和乘车口(Gate)，并在发车前10分钟抵达乘车口。搭车前，最好留在室内，以免误车！搭车时，出示车票，并把行李交给司机或服务人员收入行李箱，然后就可上车选个自己喜欢的位子坐啰！

搭出租车

伦敦的出租车并不像国内这样容易随拦随停，可请旅馆事先帮你预订计程车，或是自行前往附近的出租车乘车处搭乘，这样比较保险。

Steps 希斯罗特快列车搭乘步骤

1. 站台候车 → 2. 到站下车 → 3. 顺着指示标走 → 4. 抵达离境大厅

搭地铁：皮卡迪利线(宝蓝色)

搭地铁前往市中心，可搭宝蓝色的皮卡迪利线(Piccadilly Line)。希斯罗机场位于第6区(Zone 6)，所以从希斯罗机场往伦敦市区，要买前往目的地所属区域的票。

从市中心搭地铁到机场时要注意站台上的电子显示屏，显示屏上会标示下三班车的预估入站时间和终点站，画有"小飞机"标志的那班车才会到希斯罗机场哦！开往机场的地铁列车车头和车厢内的显示屏，也会画上小飞机，上车后可再确认一下。到达机场后，顺着指示前往你要登机的航站即可。

第一、二、三航站地铁站

搭乘地铁小提醒

注意时间及营运通知

希斯罗机场分为中央航站(T1～T3)、第4(T4)、第5(T5)航站。皮卡迪利线往伦敦市中心的路线，是在第4、第5航站停留10分钟后，开往中央航站，接着往伦敦市中心前进。同样的，若要从市中心搭地铁到第4或第5航站时，一定要看清楚线路目的地，是第4航站，还是第5站哦。

希斯罗机场相当繁忙，报到与退税经常是大排长龙，搭乘国际航班请至少在班机起飞前2.5小时抵达机场。尤其是碰上伦敦地铁有时无预警的进行整修，周末还会减班，搭乘地铁前往机场，须特别注意多预留一些交通时间，以免来不及登机。

应用英语 ABC

常见单词

Arrival(s) 入境
Departure(s) 出境
Transfer 转机
Boarding Pass 登机牌
Immigration 移民入关
Customs 海关申报台
Luggage / Baggage 行李
Exit 出口
Enter 入口
Toilet 洗手间
Family Name 姓
First Name / Given name 名
Date of Birth 出生日期(依日／月／年排列)

应用对话

Q: Where are you from? 您从哪里来?
A: From China. 我从中国来的。

Q: What are you doing in London / the UK?
　来伦敦／英国做什么?
A: For traveling. / For visiting friends. / For business purpose. 来观光／来拜访朋友／来做生意。

Q: How long are you staying for? 您打算待多久?
A: A week. / Ten Days. / Around one month.
　一个礼拜／10天／一个月左右。

Q: Where will you stay? 这段时间您住哪里?
A: XX Hotel. XX饭店。(或是直接给住宿点的地址)

Q: Do you have the invitation letter? 您有邀请函吗?
A: Yes, here you are. 有的，在这里。(出示邀请函)

Q: Pardon? / Sorry, can you repeat it?
　不好意思，您可以再说一次吗?

Q: Where is the tourist information center?
　旅客信息中心在哪里?

Q: Where is the bus / coach station?
　请问公车站、长途巴士站在哪里?

Q: When can I receive my tax refund?
　我要多久才可以收到退回的税?

A: I can't find my luggage! 我找不到我的行李!
A: I want to have one single / return ticket to xx?
　我想买一张到xx的单程／来回票。
A: I would like to refund the tax. 我要退税。
A: I would like to get my refund tax to my credit card. 我想把税退到信用卡里。

住 宿 篇
Accommodation

在英国旅行，
有哪些住宿选择？

选择住宿的地方，可从预算、居住天数、地点、交通、治安、房间设备等条件多方考虑。本篇章对各种住宿点的详细分析，希望有助你做选择。

选择合适的住宿地点	54
青年旅舍	55
大学宿舍	56
家庭旅馆和宾馆	57
酒店	58
英国住宿特色	59
应用英语	60

选择合适的住宿地点

最便宜

青年旅馆·大学宿舍·背包客栈

青年旅馆以床位计价，是最便宜的住宿地点，但缺点是必须和陌生人同房、共用浴室，安全性相对而言比较差。某些大学宿舍在寒暑假期间也会开放给旅行者住宿，价钱比青年旅馆稍高一些，但通常可有自己的独立房间或是双人房。

青年旅馆和大学宿舍可能有门禁时间，行程安排上相对来说不自由；不过，有公用厨房供自行烹煮食物，可省下不少伙食费。

Backpackers是背包客栈，等级比青年旅馆低一些，价格也较便宜，在欧美很盛行的简易型青年客栈，环境没青年旅馆那么干净舒适，但短期住宿还可以。Backpackers通常都是男女混房，也有分房的，订房前可以先询问或上网查一下。YHA多是男女分房。

青年旅馆YH的早餐要另外加钱，如果住Backpackers则附简便早餐，吐司、麦片、咖啡、牛奶免费吃到饱。Backpackers价格通常都在￡20左右，根据个人选择的房型，从6人房～20人房的大通铺都有。

最温馨

家庭旅馆·宾馆

家庭旅馆(Bed and Breakfast, 简称B&B)和宾馆(Guest House)是英国常见的家庭式经营旅馆，大多都布置得温馨舒适，是一般旅行者住宿的极佳选择。

和酒店(Hotel)一样，家庭旅馆和宾馆也有等级之分；酒店是用星级做标示，家庭旅馆和宾馆则是用钻石来标示，而且都是颗数越多越高级，也越贵！某些家庭旅馆或宾馆并未加入评定联盟，完全是私人经营，订房前最好先上网看看别人的住宿经验，或是到现场看过房间后，再决定是否要投宿。

热门的旅游季节，例如3月底的复活节假期、8月的爱丁堡艺术季，住宿费不但会上涨，而且经常一床难求，因此提早几个月订房会比较保险。

小建议

让当地旅游信息中心帮你搞定

如果没有事先订房，到了当地，看到五花八门的住宿旅馆，再加上人生地不熟，到底该怎么选择呢？建议可到当地的旅游信息中心去询问。

旅游信息中心一般都有附近城镇的住宿资料，只要你提出需求和预算，服务人员就会帮你筛选适合的住宿点，而且还会告诉你怎样前往。通过旅游信息中心订房，只须支付很少的手续费(￡3左右)，是不是很方便？

青年旅舍

Traveling in United Kingdom

住宿篇

青年旅舍,是属于省钱一族的自助旅行背包客(Backpacker)住宿等级。但别被名称误导了,青年旅舍,并非只有青年才能投宿;一般来说,旅行者投宿英国的青年旅舍可没有年龄上限,不过12岁以下的小朋友可能会被限制,订房前,先到要投宿的青年旅舍的网站上做确认吧!

设备

国际青年旅舍(Hostelling International,简称HI)是个跨国性的系统,在全球拥有超过4700家的旅舍。青年旅舍主要的房型是大通铺(Dorm),大多采上下铺的床位,也不一定有纯粹男生住或女生住的房间。每间房可能住宿6～8人,甚至更多;双人或4人房则是少之又少,有的还分房型是否包卫浴。

青年旅舍一般都会提供干净的寝具,但有的会要求房客租干净的床单,若你不想增加这笔支出,可以自己携带床单。睡袋,一般禁止使用,主要是担心若不幸发生火灾,使用睡袋会阻碍逃生。青年旅舍通常也附设公共厨房供烹煮食物,房客可自己购买食材备餐。餐具和烹调器具则可向旅馆询问是否有公用的,或自己带。在英国这个高消费的国家,自己备餐可是能省下不少伙食费哦!

YH青年旅馆卡

YH青年旅馆卡(Youth Hostel Card)是国际青年旅舍会员卡的另一个名字。这张卡能让你在系统内的国际青年旅舍投宿时,享有优惠价格。请注意,YH卡的有效期为1年。

价格范围

住青年旅舍,每人每晚的价钱大约£25～40以下,但并不供应早餐,或仅提供简单的吐司、谷片、牛奶、茶、咖啡。

住宿小提醒

私人青年旅舍

除了国际青年旅舍系统下的青年旅舍,英国还有许多私人经营的青年旅舍。由于国际系统青年旅舍不一定位在市中心,交通并不是太方便,而私人经营的青年旅舍,很可能就在车站或大景点附近,因此可能比较适合旅行者投宿。投宿点所在的交通方不方便,也是很重要的考虑。私人青年旅舍和国际系统青年旅舍设备、服务差不多,只是不接受YH卡所享有的折扣。

办YH卡小提醒

如何取得YH卡:

前往离你最近的青年旅舍或经销处办理。

订房方式

全球订房网站
- 国际YH订房官方网站:www.hihostels.com
- 全球青年旅馆订房网站:www.hostelworld.com

英国订房网站
- 英格兰与威尔斯地区YH订房网站:www.yha.org.uk
- 苏格兰地区YH订房网站:www.syha.org.uk
- 北爱尔兰地区YH订房网站:www.hini.org.uk

中国订房网站
- 国际青年旅舍中国官方网站 www.yhachina.com

*以上信息时有变动,出发前请再次确认。

大学宿舍

设 备

寒暑假期间，学生都回家了，会做生意的学校便会把空下的学生宿舍出租。学生宿舍的房型很多，有套房或雅房，双人房或单人房。有些学生宿舍也供房客使用厨房自行烹煮食物，但有的学生宿舍则不提供厨房煮食。订房前要先做好确认。

价格范围

学生宿舍因为比青年旅舍提供更多隐私和安全性，价钱也可能比青年旅舍稍高一点。价格范围介于£25～50，差异很大。

订房方式

一般来说，可上该学校网站的宿舍管理处查询，写E-mail或打电话询问，这样比较方便。以下推荐比较有名的两家学校宿舍，其他学校也会有这样的宿舍给旅行者投宿，但不见得会比较便宜哦！

英国大学宿舍订房网站

- 伦敦大学宿舍中心
  University of London Accommodation Office
  网址：www.halls.london.ac.uk
- 爱丁堡大学宿舍
  网址：www.accom.ed.ac.uk

Traveling in United Kingdom

住宿篇

家庭旅馆和宾馆

等级介于在高级旅馆与青年旅馆之间的家庭旅馆(Bed and Breakfast，简称B&B)和宾馆(Guest House)，是英国旅游住宿的一大特色。这类住宿有些是家庭式旅馆，屋主把家中几间空房挪出来出租；有些是家族式经营的小宾馆；还有些则是小餐馆或小酒馆附设的住宿房。大多数家庭旅馆的房间数目都不多，原屋主也可能住在同一栋楼，投宿家庭旅馆时，应尽可能注意礼仪，不要妨碍到他人的居住休息。

设 备

通过英国旅游理事会(English Tourism Council)评鉴的家庭旅馆，都会挂上钻石标志；钻石颗数越多、越高级。此外，也有许多家庭旅馆并未参与英国旅游理事会的评鉴，因此并没有标示等级，但不代表这些家庭旅馆比较差哦！无论有或没有标示等级，住宿之前，尽可能先参观一下房间设施，看看是否符合自己的需求。

既然家庭旅馆被称作Bed and Breakfast(B&B)，顾名思义，就是提供睡觉和早餐的地方，所以早餐一定有。

等级为3颗钻

价格范围

家庭旅馆的计价方式多以每人、每晚多少钱来算，比较少用房间类型来划分。例如：25GBP／pppn(per person per night)，代表每人每晚的住宿费是￡25。一般来说，2～3颗钻石的家庭旅馆，每人每晚的住宿价钱是￡25～40，随地区、季节、等级而不同。

小费小提醒

住宿需要给小费吗？

在英国住宿，是不需要给小费的，英国人没有这个习惯。当然要给也是可以的，放在床边小桌或是枕头上即可。投宿家庭旅馆时，虽然是住在别人家，倒是不需要特别准备什么小礼物，如果想准备也无妨，只不过与其准备礼物，倒不如尽量维持环境清洁就好！

订房方式

英国家庭旅馆订房网站

- www.visitus.co.uk
- www.bedandbreakfasts-uk.co.uk
- www.hostels.com

英国别墅订房网站

- Britain Express：www.britainexpress.com/cottages

住宿小提醒

全家出游可租乡村别墅

英国乡村除了家庭旅馆，另有供长期出租的别墅(Cottage)。这类出租别墅是以一整栋屋子为出租单位，租赁单位最少一周。家具设备一应俱全，也可以自行烹煮食物。住宿者大多得自己准备交通工具，并以定点旅游为主，是适合全家一起出游的休闲住宿方式。

不过，价格得视地点、屋况、设备、住宿期间而定，比如淡季、不怎么样的别墅，一周的费用或许还不到250英镑呢！但若是很好的别墅，住一周也可能得花上千英镑。

先上网确认环境

若想住B&B，请在订房前上Google Map查询地址地点，有些B&B在交通不便之地，没有公共汽车或要走很远，除非开车或叫出租车较方便。而且许多家庭旅馆是没有电梯的，请先上网确认，以免拎着一堆行李还要爬窄小的楼梯。

酒店

设备

在英国，尤其是伦敦市中心，住宿费用通常很高，所以如果看到住宿价格特别便宜的酒店，先别高兴得太早，这可能是因为房间小到只能摆两张床，没有多余空间可放行李的缘故。此外，也要搞清楚浴室是否在房间里。

这是一家有一千多年历史的客栈，门口有房价表可供参考

价格范围

伦敦市区的二星级酒店双人房房价约£70起，但整体来说，价格范围很大，越接近市区就越贵。此外，旅游淡旺季和所在地点也会影响房价。在伦敦，若要住中等以上的酒店，建议把每人每晚的住房预算定在£65以上。

酒店等级

酒店(Hotel)等级是依门口的星数来区分的，星数越多，当然就越豪华、越贵。世界性连锁的酒店，都具有一定程度的好品质，例如：三星级的宜必思（ibis）系统、四星级以上的贝斯特·韦斯特（Best Western），都算是环境干净、价钱合理的住宿选择。1～2颗星以下的酒店，虽然价格很便宜，但还是最好先看过房间，再决定是否要入住。

订房方式

国际旅馆订房网站

- Hotels.com网址：www.hotels.com
- Hotelclub网址：www.hotelclub.com

推荐平价旅馆

Premier Inn
网址：www.premierinn.com/en

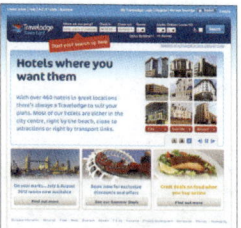

Travelodge
网址：www.travelodge.co.uk

这两家平价旅馆遍及英国各地，地点、交通方便，价格越早订越便宜，房价一晚£29起，越早订越能订到合适房间(建议提前两个月)，靠近住房日期订的话就没那么便宜了！另外要注意的是，这种订房都要求预付费，不喜欢的人就不适合。

订房小提醒

选择住宿点，需考虑治安、交通

前往大都市旅游，最好事先了解那个区域的治安情况，以确保安全。以伦敦市区来说，虽然火车站、客运站附近有很多住宿点，但这些地方的治安相对而言是比较差的，天黑以后最好结伴而行。而远离大都市的乡村区域，住宿质量会好些。

英国使用英里，计算路程要注意，1英里=1.6公里。

Traveling in United Kingdom

英国住宿特色

住宿篇

英式早餐

传统的英式早餐(English Breakfast)内容很丰富哦！(英式早餐的详细介绍，请参见p.96"饮食篇")青年旅馆可能没有，或是只提供很简单的早餐。家庭旅馆或是中等以上的酒店，早餐都相当丰盛，千万别赖床不吃，那可浪费了哦！

高级酒店大多提供自助式早餐，想吃什么自取。若是投宿家庭旅馆，前一晚一定要先问清楚早餐供应时间和用餐场所。尤其，家庭旅馆的早餐多是屋主在你起床前亲手准备的，迟到或临时决定不吃是很失礼的。

住宿常见用语和设施

设施	介绍
套房(En-Suite、Suite)	房间内附有卫浴设备。少数卫浴设备虽不在房间内，但也不需要与他人共用，这也算是套房。
雅房(Shared Bathroom)	需要与别人共用卫浴设备的房间。
有空房／已客满(Vacancies / No Vacancies)	住宿点的门口或窗上若挂有"Vacancies"这块牌子，就表示还有空房。若前面加了No，变成"No Vacancies"，就表示没有房间了，这样就不用再按门铃询问了。
热水壶(Kettle)	英国人很爱喝茶，因此每个私人房间必备热水壶，而且经常附茶包、咖啡或小饼干，供住客品尝。热水壶对旅途中喜爱吃方便面的旅人来说，可是一大福音哪！
吹风机(Dryer)	不见得所有房间都会附吹风机，若没有，可向柜台借。经营家庭旅馆的老板通常很早就休息，若要跟家庭旅馆老板借，最好在晚餐前就询问。
暖气(Heater)	房间内附有叶片式暖器，暖气连接管上头的开关数字越大，表示暖气越强。除了房内的暖气开关，通常另有中央控制系统，只有屋主才能真正控制暖气的供应时间。
毛毯(Blanket)	由于有暖气系统，毛毯不会太厚，若你很怕冷，记得尽早向柜台询问，多要一件毛毯。
冰箱、小冰柜、保险箱、房内电话	这些设备都是四星级以上的酒店才会有。未设有房内电话的旅馆，多半在柜台都设有投币式公共电话，但收费可能会比街上的公用电话贵。
网络(Internet)	设有上网设备的住宿点多属位于大都市的酒店，而有的家庭旅馆或宾馆则可事先询问是否提供无线网络Wi-Fi的账号密码。青年旅馆则多设有付费公用电脑或提供无线网络的账号密码。

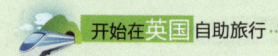

应用英语ABC

应用对话

我可以借用一下厕所吗?
Can I use your toilet? / Where is the bathroom, please? / Where is lady's bathroom?

您好,我是Linda。我已事先订了今晚的房间。我现在可以办理入住手续吗?
Hi there, this is Linda. I have booked / reserved the room for tonight. May I check-in now?

请问今天晚上有空房吗?
Do you have any room available for tonight?

住一晚的价钱是多少? 需要先付订金吗?
How much of the price for one night? Do I need to pay for the deposit first?

有比较大的房间吗? 有更便宜的房间吗? 谢谢!
Do you have a larger room? Any cheaper room? Thank you!

如果可以,我想要一张朝海的大床房,谢谢。
I would prefer a double-bed room facing the sea side, if possible. Cheers.

请问几点可以用早餐? 我想用传统英式早餐,谢谢。
What time for the breakfast? I would like to have traditional English breakfast, please.

我把车停哪儿? 你们有停车位吗?
Where can I park the car? Do you have any parking space available?

请问几点退房?
What time do we have to check-out?

你们提供当地的城堡／花园观光吗?
Do you provide any local tour to the castle / garden?

暖气／厕所坏掉了。我可以换个房间吗?
The heating system / toilet is out of order. Can I change to another room?

不好意思可以帮我开一下房门吗? 我把钥匙忘在房间里了,谢谢。
Sorry, could you open the door for me as I left the key in the room. Thank you!!

可以帮我叫辆出租车吗? 我要去机场。
Could you call for a taxi, please? I'd like to go to the airport.

我可以在房间内拨打国际电话吗?
Can I make an international phone call from the room?

我可以在旅馆／房间内上网吗?
Do you have internet access service in the hotel / room?

拨打国际电话的电话费每分钟多少钱?
How much do you charge for international phone call per minute?

我可以用维萨卡／美国运通信用卡／旅行支票付款吗?
Do you accept Visa / American Express card / traveller's check?

请问离这里最近的取款机在哪儿?
Where is the nearest cash machine / ATM?

我可以在房间里加床吗?
Can I have an extra bed in the room, please?

英国交通篇
Transportation

英国游个遍，有哪些交通工具？

英国大众运输系统网络算是比较健全的，想到英国各地走走，有火车、长途巴士、飞机、出租汽车这些交通工具可选择，非常弹性且多样。掌握一些小秘诀，就能用比较便宜的交通费，行走英国，玩个遍。

搭火车	62
购买火车通行证	63
购买传统火车票	64
火车票便宜买	69
搭长途巴士	72
购买长途巴士通行证	72
在网络上订票、取票	73
搭飞机	77
昂贵型航空服务、廉价型航空服务	77
如何前往英国国内线机场	78
自己租车	79
汽车出租公司哪里找	79
租车5大注意事项	80
应用英语	80

英国大众运输系统

只要事先做好功课,周密计划,在英国也能省交通费

在英国搭乘各种交通工具,最能体会什么叫作"时间就是金钱"。凡是越快能到达目的地的交通工具,花费就越高;反之,想省开销,就要花多点时间才到得了目的地。但也不是没有办法可破解这"魔咒",只要事先做好功课,周密计划,减少临时改变行程的可能性,在英国也能省交通费哦!

搭火车

搭火车,是往来于英国各大城市间最方便、最快捷的方式。优点如下:班次多(不过,周末的班次较少)、直达市镇中心、花费时间少;此外,若善于事先计划,还可省下"巨额"交通费。

伦敦8大火车站

伦敦共有大大小小12个火车站,搭车时要注意是从哪个火车站发车。通常,大火车站皆有各自负责的路线与方向,前往著名城市景点都可在繁忙的大火车站搭到直达车。以下列出其中8个较常使用的火车站,另外,小火车站则多营运较短途的替代路线。

尽管伦敦有多个火车站,但方便的是,可在任意一个火车站买到其他火车站发车的车票。事实上,在全英国的各个火车站,都可买到其他火车站营运路线的火车票哦!甚至,也可购买未来数周至数个月内的车票。

古典的滑铁卢火车站

帕丁顿火车站是大伦敦交通枢纽

气派的维多利亚火车站

哈利·波特迷,别忘了到国王十字街火车站朝圣

从伦敦8个火车站搭火车,可前往以下著名景点

火车站名	前往地点(以直达车为主)
Euston 尤斯顿	Manchester 曼彻斯特、Oxenholme(湖区入口转车站之一)、Liverpool 利物浦
King's Cross 国王十字街	Cambridge 剑桥、York 约克、Newcastle 纽卡斯尔、Edinburgh 爱丁堡
Liverpool Street 利物浦街	Norwich 诺里奇
Waterloo 滑铁卢	Windsor 温莎
Victoria 维多利亚	Brighton 布莱顿、Canterbury 坎特伯雷
Paddington 帕丁顿	Oxford 牛津、Bath SPA 巴斯、Cardiff 加的夫
Charing Cross 查令十字街	Dover 多佛(搭船前往法国的港口)
St. Pancras 圣潘可拉斯	Paris 巴黎(搭乘Eurostar欧洲之星子弹列车直达巴黎)

购买火车通行证

火车通行证(Rail Pass)，是给非英国居民到英国各地旅游时用的火车票券。它的主要功能是，在你所选择的天数内，可无限制地搭乘通行证涵盖区域内所有的火车，免去研究英国火车系统与票价的麻烦。

6个涵盖区域

英国火车通行证涵盖6大区域，并有连续使用(Consecutive)与非连续使用(Flexipass)两种类型。

① 英国全区(BritRail Consecutive Pass、BritRail Flexipass)：英格兰、苏格兰、威尔士
② 英格兰(BritRail England Consecutive Pass、BritRail England Flexipass)
③ 伦敦近郊(BritRail London Plus Pass)：涵盖伦敦及英格兰东南区，又称英格兰东南区通行证
④ 苏格兰(Freedom of Scotland Travelpass)：苏格兰地区，亦可搭乘渡轮
⑤ 威尔士(Freedom of Wales Flexi Pass)
⑥ 英国+爱尔兰(BritRail Pass + Ireland)：英国+爱尔兰

2个等级・4个票种

等级：头等舱、二等舱
票种：成人票、青年票、儿童票、老人票

决定票价的因素还有"使用天数"，一般来说可使用的天数越多越贵。连续使用好几天的票，则比在一段时间内任选几天使用的票便宜，比如可连续使用4天的票(Consecutive)，就比在2个月内任选4天使用的票(Flexi)还便宜。以英格兰地区的火车通行证为例，若是买连续使用4天的票，在英国境内购买或是线上购买，售价为£145，但若买2个月内任选4天使用的票，售价为£179。因此，是否能借着购买火车通行证节省交通费，得视个人不同的行程而定。

火车通行证VS传统火车票

	持火车通行证	持传统火车票
使用方式	不需钻研复杂的购票方式。只要在使用前填上日期，盖章生效即可。	火车票种类繁杂，折扣方式多而复杂，需花时间研究各种行程，以配合自己的旅游路线。
行程方便性	可无限制搭乘火车，行程弹性，不需担心赶不上火车又无法退票的问题。	及早订票经常可享优惠，但会受制于折扣票的各种规定，例如：无法更改、不能退票，以至于牺牲或丧失行程的弹性。
票价问题	若不了解前往各目的地的票价，很可能会发生花大钱买昂贵通行证却搭了票价很便宜的火车路线这种事，这样反而划不来。	充分掌握票价内容，拿捏得当，有可能节省下"巨额"交通费用。

火车舱等小提醒

坐头等舱，还是二等舱？

英国的大多数火车都会分成两种舱等：头等舱(First Class)和二等舱(Standard Class)，当然，头等舱的票价会贵一点。头等舱的座位会稍微大一点，有些甚至还会有服务人员倒茶水。但头等舱和二等舱最大的区别在于，头等舱通常不太可能坐满，因此，如果你是买头等舱的火车通行证，就不用担心事前没订位没位子坐的问题。二等舱就会比较嘈杂，且车长、班次不那么多的列车很容易客满。因此，若你是持火车通行证搭长途线，事先订位会比较妥当。

火车通行证小提醒

火车通行证使用须知：
1. 使用青年票的旅行者，在搭火车的那一天，年龄仍得小于26岁才行。
2. 若要搭的是晚上7点后出发的直达夜车(即过了凌晨才会到达目的地的)，则火车通行证上面的使用日期，就以班车抵达明一天才开始算哦！不过前提是，搭的车得是直达车才可以这么做，因为若有转车，行程就会被算成2天。
3. 3人以上同行另有优惠，但3个人的行程都必须一样，因为3个人使用的是同一张票。
4. 登录火车通行证官方网站，可自行购买票券：
   BritRail Pass：www.britrail.com
   威尔士通行证：www.arrivatrainswales.co.uk/ExploreWales/ExploreWales Pass
   苏格兰通行证：www.scotrail.co.uk/content/freedom-scotland-travelpass-0

购买传统火车票

若没有要用火车通行证搭车,想直接买点对点的英国火车票,当然也可以。英国火车票,可在网上直接订购,在当地火车站的取票机自行取票,相当方便。因此,就算你人在国内,也可以买哦!

英国的铁路系统由多家公司联合经营,各公司都设有网站可查车次或购票。但对于不熟悉铁路公司的游客,实在太复杂了。幸好,可以先在英国铁路网站(www.nationalrail.co.uk)搜寻票价和时刻表,再登录到售票网站购票。

售票网站也有好几个,原则上各个网站的同种票价格都相同,选择自己方便操作的即可,不需要到处比价。偶尔售票网站有促销活动,也可能会捡到便宜。如果已经很熟悉售票网站的操作模式,也可直接登录到该网站查询并购票。

常用火车售票网站

- C2C网址:www.c2c-online.co.uk
- First Great Western网址:www.firstgreatwestern.co.uk
- First Scot Rail网址:www.scotrail.co.uk
- London Midland网址:www.londonmidland.com
- The Trainline网址:www.thetrainline.com
- Virgin Trains网址:www.virgintrains.co.uk

英国铁路网站

类型	查询网站	售票网站
网站	以英国铁路National Rail为主(www.nationalrail.co.uk)	包含各铁路公司网站和专门火车票售票网(参见"常用火车售票网站"表)
查询	可查询到所有车班的详细资料	也有查询功能
售票	不直接售票,可链接到数个售票网站	查询后可直接购票
其他	无须加入会员,皆可查询	可能需加入网站会员,有些网站可能会收取刷卡手续费。各网站不定期推出促销活动,可能捡到便宜

查询火车时刻表和价钱

以下画面截取自英国国铁网站:www.nationalrail.co.uk

Step 1 开始查询

各铁路公司和售票网站都有查询功能,操作方式大同小异,这里以英国铁路网站为例(网址:www.nationalrail.co.uk)。

❶ 在"Train Times & Tickets"的"Journey Planner"之下的空格输入起点(From)到终点(To)以及选择出发日期(When)和时刻(at)。

❷ 可以同时定回程车票日期(When)和时刻(at)。

❸ 可以利用"More options, railcards & passengers"功能,选择乘客人数成人(Adult)人数、小孩(Children)人数、火车折扣卡种类(Railcards)、指定沿途经过的车站(Travel Via)、选择购票网站(Choose operator)、以较短时间行经伦敦(Allow less time to transfer through London)、只选择卧铺(Search only sleeper trains)和只选择直达车(Show only direct trains)。

❹ 选择"GO"得到查询结果。

Traveling in United Kingdom

英国交通篇

Step 2 查询时刻与票价

系统会列出各车次的票价。右上角显示的是各车次中最便宜的票价组合，也可自行搭配班次。

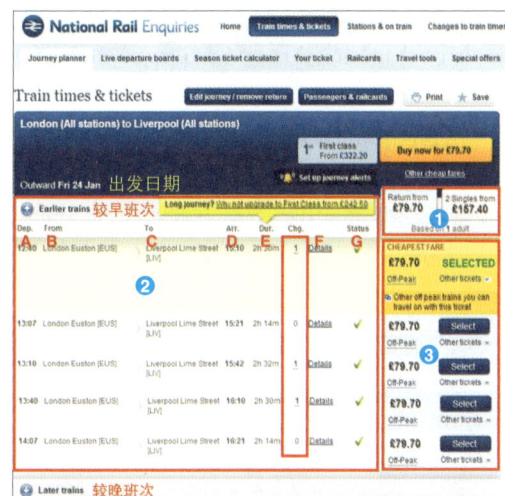

① 显示最便宜的来回车票价钱或是单程车票价钱。

② 列出符合条件的车次。可以往前(Earlier trains)或往后(Later trains)查询。列出的车次包含出发时间(Dep.)、出发地(From)、目的地(To)、到达时间(Arr.)、车程(Dur.)、转乘次数(Chg.)、发车状况(Status)。转乘次数0代表此班车为直达车、转乘次数1代表此班车需要转乘1次。发车状况是绿色钩钩代表班车正常营运，如果是红色叉叉代表班次因故取消。

③ 列出符合条件的车次价钱。按"Select"就可选择车次。

④ 选定车次之后，表格下方自动总计车票价格，按"Buy Now"就可以进入购买车票的画面。车票可以由不同购票网站订购，在此以选择"Virgin Trains"为例。

⑤ 若须修改搜索信息，可直接在本页修改，按"Check Fares"重新搜索。

A出发时间／**B**起点／**C**终点／**D**到达时间／**E**车程／**F**转乘次数／**G**发车状况

Step 3 确认地点、时刻与票价

接着系统会另外显示所选择出发及回程的起点及终点、火车时刻与票价的网站分页。

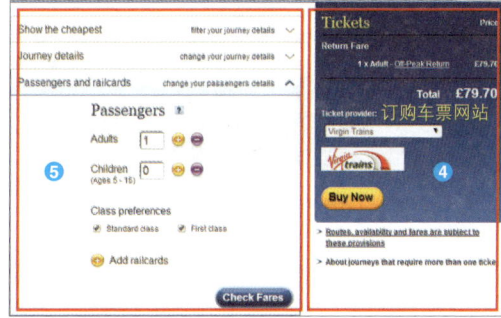

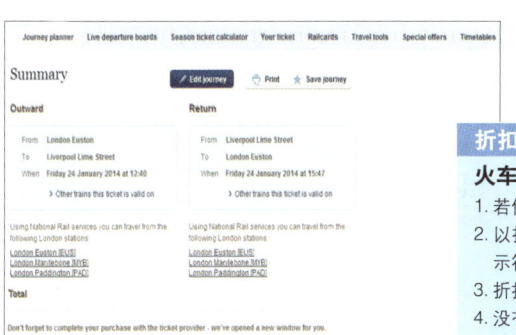

折扣卡小提醒

火车折扣卡使用须知：

1. 若你是学生身份，则比较可能会用16-25铁路卡(16-25 Railcard)。
2. 以折扣卡购买车票，票券上会特别注明，所以被查票时一定要出示符合身份的折扣卡，否则会被重罚。
3. 折扣卡只许持有人使用，不可转让。
4. 没有折扣卡就不能购买有特殊折扣的票(例如：15岁以上的学生，若没有16-25铁路卡(16-25 Railcard)，还是不能买青年票，只能买成人票)。

在购票网站买火车票

从查询网站可直接链接到所选取的售票网站首页(承p.64),也可直接进入售票网站查询后完成订购。各售票网站的操作差不多,在此以Virgin Trains的售票网站为例(网址:www.virgintrains.co.uk)。

以下画面截取自英国Virgin Trains订票系统网站:www.virgintrains.co.uk

> **日期输入小提醒**
>
> 英国日期输入习惯以"日/月"的顺序进行,例如:8月15日,则输入15/08;时间则为24小时制,例如:下午3点,就是15:00。

Step 1　选择座位

本文下面表格会列出所选择的车票信息与价格,左栏则列出座位信息以及购票网站的促销票券活动。如不需要购票网站的促销票券活动,在确认座位后,可按"Continue"继续。

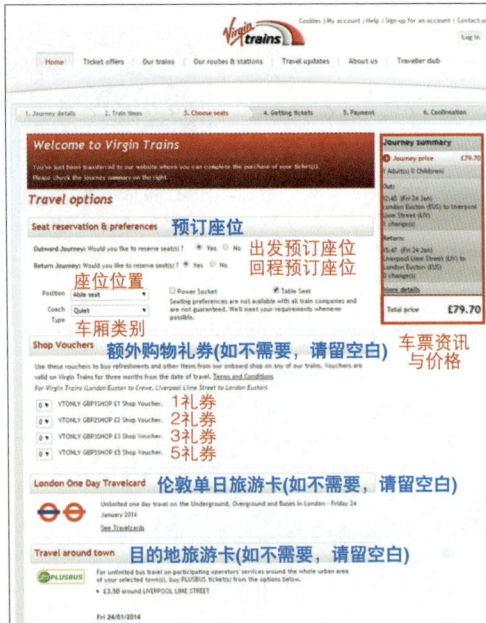

Step 2　注册

利用"New Customer? Sign Up here"注册账户。

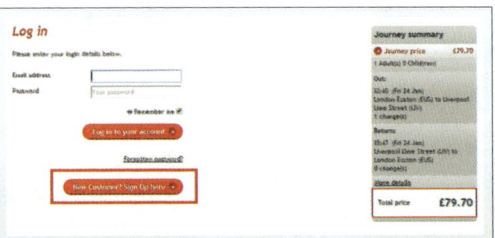

Step 3　填写注册信息

填好注册信息并确认后,按"Register now"注册账户。

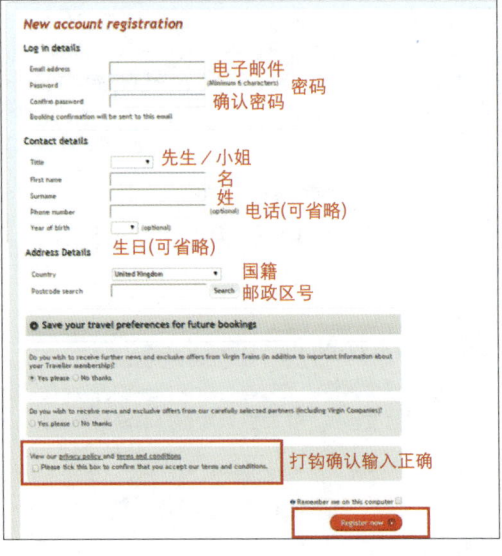

Step 4　取票

选择快速取票机取票Fast Ticket(self-service machine)。可以选择快速取票机所在的车站(Available Stations)以及填写成功购票后,车票明细可寄达的电子信箱(E-mailcollection ref to)。选择完毕后按"Continue"继续。

Traveling in United Kingdom

英国交通篇

Step 6　线上刷卡付款

填好信用卡信息再按"**Buy Tickets**"购买车票。购票代号和明细会寄到STEP 4所填写的电子信箱。至此，票已经买好，位子也划好了，接下来就等着到英国时，带着购票时用的信用卡和购票明细到快速售票机取票。

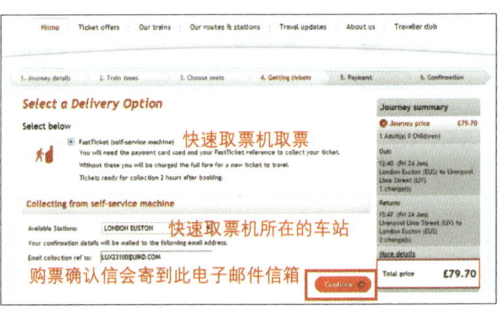

快速取票机取票
快速取票机所在的车站
购票确认信会寄到此电子邮件信箱

Step 5　车票信息确认

接着系统会列出车票明细（出发及回程，包含转乘信息、取票信息、车票类别和总价）。记得打钩确认所有票面信息正确。然后按"**Proceed to payment**"进行付款程序。

车票信息
出发信息和转乘信息
回程信息和转乘信息
取票信息
车票类别
非高峰时段来回票
打钩确认输入正确

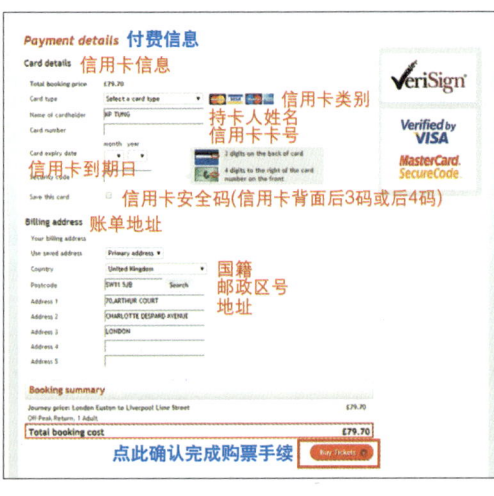

付费信息
信用卡信息
信用卡类别
持卡人姓名
信用卡卡号
信用卡到期日
信用卡安全码（信用卡背面后3码或后4码）
账单地址
国籍
邮政区号
地址
点此确认完成购票手续

Step 7　用快速取票机取票

到英国，用快速取票机(Fast Ticket)取票。前往在网络购票时指定的火车站，找到快速取票机(Fast Ticket)，然后取票。机器的外观不一定全都长得一样，但都是可以用的。左侧这款红色机器除了取票，也可以购买当天的火车票。取票时，请选择取票功能按键"**Ticket Collection**"，插入当初付款的信用卡，并输入购票代号，判读无误后，你所订购的票就会打印出来啰！

插入当初订票用的信用卡
买票按这里
取票按这里

使用快速售票机买票、取票

Step 1 找到快速取票机

到任何一个火车站，找到快速售票机(Fast Ticket)。要注意，不同铁路公司的机器可能外形不同，但功能都相同，都可购买或打印、拿取你在网络上买的火车票(若你要拿在网络上买的票，请注意，要到你当初选择出发的火车站去，才能拿到票)。

Step 2 选择买票或取票

选择买票(Buy)或是取在网络购买的票(Collect)。

Step 3 选择购票信息

选择买当天车票或是3天内的车票，接着输入起点与终点，以及相关信息。若你是要取票，则须输入订票代号。

Step 4 刷卡付款

以各主要信用卡付款，机器都能接受。

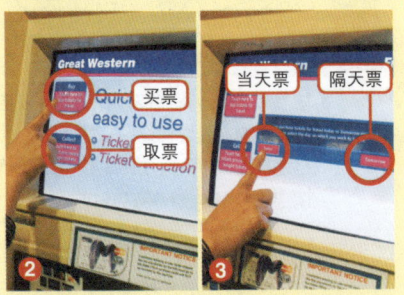

Step 5 机器打印车票

插入信用卡，待确认扣款后，机器就会打印出车票了。若你是要取票，则得插入你当初用来付款的信用卡做确认，确认无误后，机器就会打印出车票。

在车站人工售票处买票

英国当地的火车站，当然也有人工售票处，可供你买当日和未来两个月内的车票。卖当日票(Tickets for today's travel)和预售票(Ticket for future)的售票处可能会分别在不同地方，须特别注意，不是所有车票都能在同一处买到哦！

当日车票人工售票处

站台搭车小提醒

注意车厢位置

有些路线只有2～4节车厢，因此在候车站台LED电子显示屏上会显示Only2(4)Coaches。此时尽量在前几节车厢的站台位置候车。

火车票便宜买

买英国火车票若是以原价买，那么花在交通上的费用一定很高，所以一定得搞懂各式各样的折扣方式，买便宜一点的火车票，开心搭火车旅行。

行李小提醒

火车站贴心服务：行李寄放

如果想在一个固定的地方逛逛，但不想拖着笨重的行李，可看看火车站是否有投币式寄放柜，寄放柜大多以小时为单位计价。不过，近来因恐怖活动频传，寄放柜的设施也慢慢减少了。

此外，在火车站或长途巴士站也常见专人看管行李的寄放服务，计费方式可能是以存放件数和天数计价，若有需要，别忘了先问清楚计价方式。可参考行李托管服务网 www.left-baggage.co.uk。

火车票类型与限制

	提早买	当天买
固定班次	最便宜、限制最多、固定班次，不可退票、换票手续费£10 如：Advanced、Apex、SuperApex	限制依票价而不同，如：Anytime、Off-Peak 也可能有班次较差的Advanced
非高峰时刻	较便宜、限制多，退票手续费£10、换票手续费£10，来回票的回程可中断行程 如：Off-Peak、Saver、SuperSaver	
不限时间	最贵、最弹性、来回票两段皆可中断行程，如：Anytime、Standard Return	

＊以上信息时有变动，出发前请再次确认。

省钱招数 ❶ 办16-25铁路卡，票价打66折！

省钱第一大招，就是办16-25铁路卡(16-25 Railcard)，这样一来，购买火车票，就能立即省1/3(打66折左右)的费用！办16-25铁路卡的费用为£30，有效期限为1年；£70的为3年。

不过，要办16-25铁路卡有个小限制，那就是你必须是全职学生。若你的身份是学生，这时候，国际学生证(ISIC)就能派上用场，因为它可视为全职学生的证明。办了卡，以后买火车票时要记得出示哦！查票员验票时，也会一并检查这张代表折扣身份的16-25铁路卡。千万记得，若你没有16-25铁路卡，就无法买相关折扣票，别抱侥幸心理，被查到，罚款可是很重的！

16-25铁路卡这里办

官方网站：www.16-25railcard.co.uk
办理地点：英国各大火车站售票处服务台
所需文件：申请书、国际学生证、2寸照片1张
所需时间：当场申请，当场拿到
费　　用：1年£30，3年£70

＊以上信息时有变动，出发前请再次确认。

图片截取自16-25铁路卡(16-25 Railcard)网站 www.16-25railcard.co.uk

省钱招数 ❷ 越早买票，折扣越大！

提早买票通常比出发那一刻才买省下不少钱。虽然各个火车公司都有不同的折扣名目，如Advanced、Saver、Off-Peak等，让人看得眼花缭乱，但其实折扣方式大同小异。简单来说，越早买且行程不变动，价格就越便宜。由于票价是依市场需求而定，因此大约在行前2个月就可开始购票。提早买的折扣票通常有很多限制，比如不能改日期、时间、不能中断行程，退票、换票的手续费动辄£10起。也就是说，如果没搭上预定车次，车票几乎就变成废纸了。这种票的缺点是行程缺乏弹性，比较适合能按部就班、依照既定行程走的旅行者购买。

省钱招数 3 非高峰时段搭车，有的赚！

非高峰时段的火车票，如Off-Peak、Saver，比任何时段都能搭乘的"原价票"便宜，唯一的限制是无法搭乘时间较好的班次。每家铁路公司对每个路段的高峰时段定义都不同，通常是指周一～五10:00以前和16:00～19:00之间。这种票不需要事先预订，当天买即可，提早买也不会更便宜。

买非高峰时段来回票，去程必须在所限定的期限完成，而回程并没有特别规定日期，一个月内使用都有效；另一个优点是，这张回程火车票可在回程途中随时中断行程，下车玩玩再继续，只要一个月内都在同一条路线上，不走回头路，就可从终点站一路玩回起点哦！

想买单程票的人看这边

若想买便宜的单程票，可别选在搭火车当天才买，因为，如果要买非高峰时段的单程票，算一算，可能只比买相同条件限制的非高峰来回票少1英镑而已！所以，要买单程票，还是提早买比较划算。

省钱招数 4 买一日来回票，省钱又方便！

若要去近距离的郊区，买一日游的来回票(Day Return)最划算啦！这种票也有分任意时段、非高峰时段两种，当天买就可以了。任意时段票较贵，但来回两段都可下车玩玩再继续行程，而非高峰票则只有回程可以，一日可游好几处呢！但要注意的是，有些地方因距离太遥远，不太可能一日来回游，所以火车售票系统并不会推出这种一日游来回票哦，像是伦敦往返爱丁堡，因为距离太远，所以并没有这两点之间的一日游来回票。

省钱招数 5 团体票更省！

有些景点会推出团体票(GroupSave)，3～4人一起搭乘，只需付2人票价即可。

省钱招数 6 买原价来回票，绝对物有所值！

出发当天去车站买任何时段都可搭乘的火车票(如：Anytime、Standard Return)，就需要以原价购买。这类票价相当昂贵，但若是买来回票也绝对物有所值。

这类车票去程在买票当天和隔天都可使用(一张票用两天)，回程则是一个月内在同一条路线上使用完毕即可。这种票不管什么时间、车次都可搭乘(除了夜卧车以外)，对旅游行程而言，简直超级方便又有弹性。

省钱招数 7 善用火车票根！

只要持英国任何地方到伦敦的火车票根，当日即可以半价购买许多伦敦周边的景点门票(可参考此网站：www.daysoutguide.co.uk)。

搭跨国火车

现在有欧洲之星往返伦敦与巴黎之间很方便，从伦敦到巴黎只要2个小时(根据出发时间从￡89～200都有，越早订越好找到便宜票)，提前半小时到达完成通关检查就可。

如果想从伦敦乘欧洲之星去巴黎玩几天后再回英国，从英国回国，可在欧洲之星网络订票：www.eurostar.com。欧洲之星的车票可在网络上订，再打印出来；要是没打印，到站取票也可以。

千万要记住的是：只要出了英国就是离境，所以要从巴黎回伦敦也会先经过英国海关问话，该准备的旅行计划跟回程机票千万要带在身上，准备海关问话时可随时拿出来。

Traveling in United Kingdom

英国交通篇

学会搭火车

英国的火车站不一定每个都有闸口，但还是得先买票才能上车。车上未必能补票，就算能补票，价格也会比较贵，而且被查到无票搭车，是会被罚款的。

上车之后，若你订好了位子，就去找自己的座位，车上会有预订席(Reserved)的标志。预订席上的电子显示器或小纸片会标示被预订的路线，有些座位只被预订了一小段，如果你没有订位，而且火车还没行驶到预订席的预订路线，也可以先坐下来，等别人的预订路段到了，再换位置坐。

看懂车厢信息

- 班次编号
- 发车时间
- 终点站
- 下一站
- 舱等：
  First Class或简称1：头等舱
  Standard Class或简称2：二等舱
- 车厢编号

看懂火车票信息

- 车种：普通车
- 票种：特价非高峰时段来回票
- 乘客身份
- 回程票：RTN
- 去程票：OUT
- 单程票：SGL
- 去程有效日期
- 回程有效日期
- 起点站
- 终点站

看懂站台信息

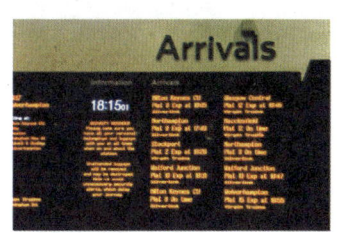

查看到站班车

Arrivals，这个电子屏幕显示目前所有到站班车的信息。

查看发车班次

Depatures，是指发车班次表，依发车时间先后排列，并注明发车站台(Platform)，及沿途会经过哪些车站。

进站台候车

刷票卡通过闸口才可进入站台。英国并非所有火车站都有站台闸口，许多火车站都可直接走到站台上搭车，不过，火车上一定会有查票员查票，若逃票，罚金相当高。仅少数路段允许车上补票，不过补票的价格比原票价会高出许多。

搭长途巴士

National Express是英国最常见的长途巴士,这家客运公司发的车,几乎可以到达英国各地。想从伦敦出发,去火车到不了的地方,就到市中心的维多利亚长途巴士总站(Victoria Coach Station),搭National Express就能解决你的交通难题。搭巴士的标准票价大概只有同路线火车票价的一半,相对的,得花较久的时间在路上。此外,National Express也会有些促销路线,票价从£5(Fun Fare)起(Fun Fare电子车票信息,请参见p.375)。另外,也有搭乘巴士专用的7日、14日、28日连续周游通行证。

画面截取自英国长途巴士National Express BritXplorer通行证网站:www.nationalexpress.com/coach/Offers/britXplorer.cfm

购买长途巴士通行证

长途巴士通行证(Brit Xplorer)可在英国各大城市的巴士总站买到,伦敦希斯罗机场的长途巴士柜台也有卖。

但需注意的是,买了长途巴士通行证只表示你买的是享有折扣的巴士票,但不保证一定会有座位,因此,你还是得订位。但倘若你有通行证,那么订位费用只要£1.5;若不订位也可以,可直接去现场等车,但若车子很满、没位置,你就没办法上车了。

伦敦市中心的长途巴士总站

长途巴士通行证这里办

长途巴士通行证(BritXplorer)
官方网站:www.nationalexpress.com/coach/Offers/britXplorer.cfm
办理地点:英国各大城市巴士总站
　　　　　希斯罗机场长途巴士柜台
所需文件:护照、钱
所需时间:当场办,当场取
种　　类:3种(专供非英国居民使用)
　　　　　7日通行证(Hobo):£79
　　　　　14日通行证(Foot Loose):£139
　　　　　28日通行证(Rolling Stone):£219
优　　惠:持通行证订位,每段仅需£1.5

青年巴士卡这里办

青年巴士卡(Young Person Coachcard)
官方网站:www.nationalexpress.com/coach/Offers/StudentCoachDeals.cfm
办理地点:长途巴士的车站售票处
所需文件:护照、ISIC、学生证
所需时间:当场办,当场取
有效期限:1年　　费用:£10

*以上信息时有变动,出发前请再次确认。

在网络上订票、取票

长途巴士官方网站：www.nationalexpress.com/coach

以下画面截自英国长途巴士National Express官方网站：
www.nationalexpress.com/coach

Step 1 开始订票

进入英国长途巴士官网后，在网站左侧输入起点(From)、终点(To)、出发日期(Leaving)、出发时间(Time)、单程(Single)、来回(Return)、乘客票种与人数(Passengers)，如果有办理青年巴士卡或长途巴士通行证等折扣卡，还可勾选"I have a Coachcard"，最后按下"Book Tickets"订票。

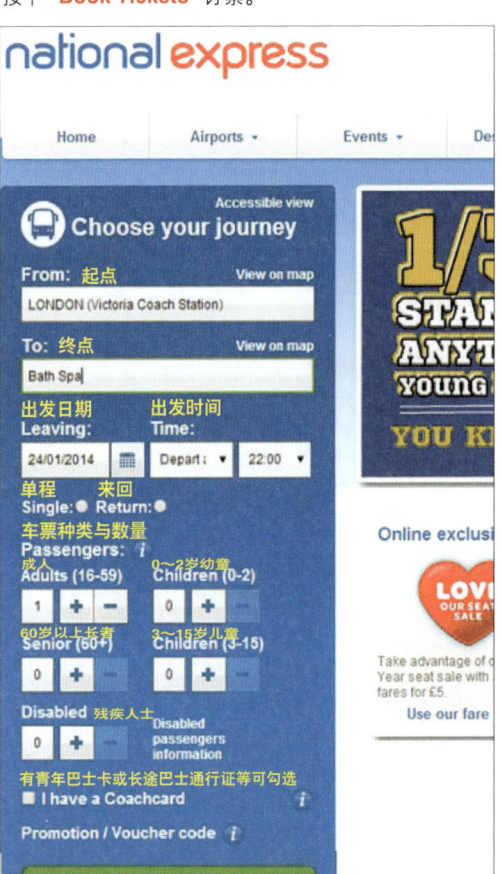

Step 2 选择巴士班次

此时系统会列出可选择的班次及价钱。车票价钱为两种：一种是不可改时间不可退票的线上优惠票价(Funfare-Not Refundable. Online Only)，另一种则是可改时间但不可退票的车票价钱(Amendable Not Refundable)。以上价钱皆含总重小于20kg的行李(2件以内)。选择好之后，按"Continue"继续。

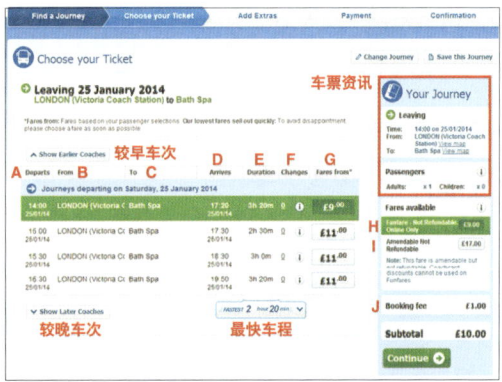

A 出发时间 / B 起点 / C 终点 / D 到达时间 / E 车程 / F 转乘次数 / G 票价 / H 不可改时间不可退票的价钱 / I 可改时间不可退票的价钱 / J 网络订票手续价

Step 3 选择额外的消费

可以选择购买旅游保险(Travel Insurance)、多加1件行李(Additional luggage–1 extra bag per passenger)或是多加3件行李(Additional luggage–Up to 3 extra bags per passenger)。

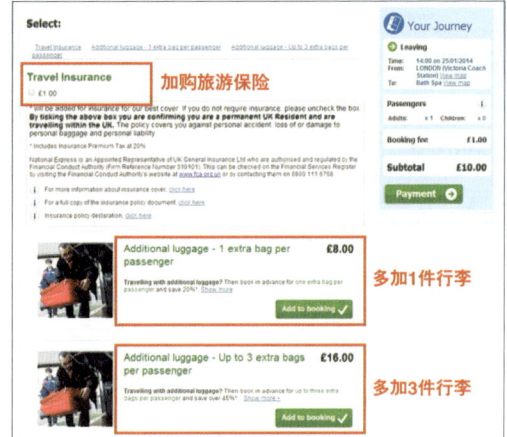

Step 4 车票、乘客和付款信息

系统会列出取票信息（可选择电子票e-ticket、手机票m-ticket或是从巴士站取票pick up from collection point）、乘客信息（包含乘客称呼Title、乘客姓氏Surname和车票明细可寄达的电子信箱contact E-mail address）、信用卡付款信息（包括信用卡类别、信用卡卡号、信用卡安全码、信用卡到期日）以及信用卡持卡人信息（包括信用卡持卡人姓名和地址）。填完之后，按"Payment"付款。

Step 5 打印电子车票

车票确认函会寄到前一个步骤所填写的信箱中，若刚刚选择的是e-ticket电子票，也会以附件方式寄达。若选的是m-ticket，则会将确认短信传送到手机中(仅限英国)。打开电子车票附件，就会出现一张充满密密麻麻表格的电子车票(如下图所示)，记得一定要打印电子车票，光记下订票号码是不够的，司机不会承认那个号码，司机要看你打出来的电子车票才算数。

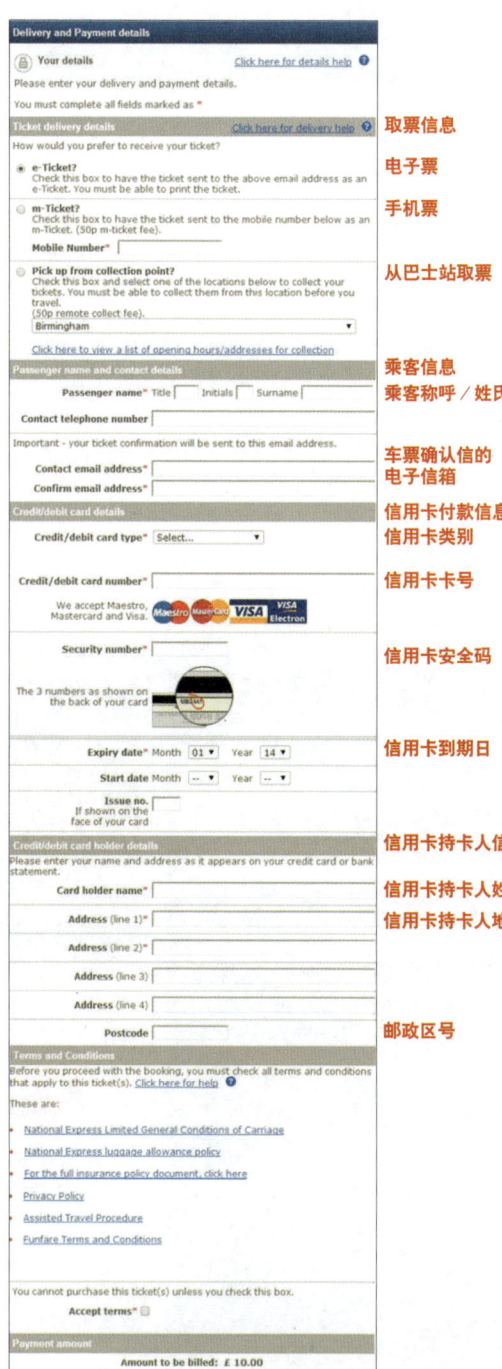

取票信息
电子票
手机票
从巴士站取票
乘客信息
乘客称呼／姓氏
车票确认信的电子信箱
信用卡付款信息
信用卡类别
信用卡卡号
信用卡安全码
信用卡到期日
信用卡持卡人信息
信用卡持卡人姓名
信用卡持卡人地址
邮政区号
确认付款

 Traveling in United Kingdom

英国交通篇

Step 6 不用划位，直接搭车

拿着打印出来的电子车票快乐地去搭车吧！National Express不划位，上车可自行选位！不过，通常前面三排会留给行动较不方便的乘客。

第3登车门(Gate 3)

发车信息看这里

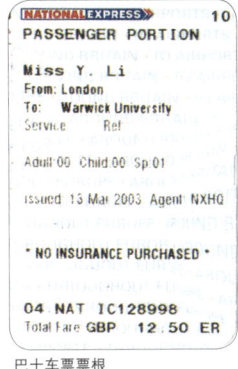

巴士车票票根

网上促销巴士电子票，只卖 5英镑

Fun Fare

Fun Fare是National Express巴士的促销电子票，只能在网络上买票，无法现场购票。Fun Fare在大部分的路线上都适用，若搜寻的路线适用Fun Fare票价，系统会自动列出来，直接点选即可，非常方便。Fun Fare的车票约在行程前2个月放出，依市场需求调整票价，单程从￡5起。这种超便宜的票价，只能搭乘选定的班次，不能退票。没搭到车就变成废纸啰！

在车站人工售票处买票

若是临时起意想搭巴士，到巴士车站售票处买票也行得通。当然，售票处也卖预售票。可先看看班次表(Departure Information)再买票，也可直接告知售票员想搭乘的路线、想何时出发，请售票员给建议。售票处大都接受信用卡付款。

若是在小乡镇搭车，或搭车时间已过了售票处营业时间，也可直接以现金向司机买票(请准备好现金，因为有时司机没零钱就麻烦了)。不过，这

还得看该班车有没有空位，如果车子没空位，司机也没办法卖票给你啰。所以，事先订票还是比较保险的。

学会搭长途巴士

确认发车信息

车站墙上的班次表会列出发车信息，最上方的电子显示屏则列出发车时间、班车编号、搭乘车门(Gate)、目的地。买车票前后，先看看自己要搭的那班车是在哪个乘车门发车。

注意屏幕上的发车信息

找乘车门候车

前往正确的乘车门(Gate)。乘车门正上方的屏幕会显示下一班车的信息，包括：班车编号、发车时间、抵达时间。此外，也会列出沿途经过的站名。若有延迟发车(Delay)的信息，也可以在这里看到。

发车前10分钟左右，就可以开始登车，并不需要划位，上车后随意找位子坐。不过请先把车票准备好，方便一上车司机查票。

推荐其他长途客运公司

除了National Express，在英国，搭乘平价巴士的选择也越来越多了。这些客运公司大都会要求乘客预买电子车票并打印出来，不过，缺点是，一旦买了车票，就无法退票。

Megabus

购票方式一律为网上订票。这家客运公司的经营路线遍布全英国，以大城市为主，是车票票价1英镑起的促销始祖。但客运公司会依市场热度而调整票价，通常越晚买，车票越贵。大约在半个月～1个月前订票，比较容易捡到便宜。Megabus官方网站：www.megabus.co.uk

画面撷取自Megabus官方网站：www.megabus.co.uk

Oxford Tube

这家客运公司专门经营伦敦—牛津的路线，白天几乎每10～15分钟就发一班车，可现场购票，持有16-25铁路卡(相关信息请参见p.67)还可享折扣。单程票价：£14(成人) ／£11(16～25岁学生) ／£7(5～15岁儿童)，当日或隔日来回票价：£17(成人) ／£13(16～25岁学生) ／£8(5～15岁儿童)，一周不限次数来回票：£53。Oxford Tube官方网站：www.oxfordtube.com

画面截取自Oxford Tube官方网站：www.oxfordtube.com

Traveling in United Kingdom

英国交通篇

搭飞机

若你要前往的城市距离较远，例如要从英国北部的爱丁堡到南部的南安普敦，那么，搭乘英国国内线班机是很方便的选择。英国航空公司(British Airways，简称：BA)虽是国际化的航空公司，但也提供国内线航空服务(不过，起降仍是在国际航空站)。此外，英国境内也有很多廉价航空公司，选择廉价航空公司的航空服务，是目前全欧洲很热门的交通方式。不过，既然是"廉价"航空，所以起降点可能较偏远、服务也很精简，所以价钱也才压得很低。

昂贵型航空服务

若要搭乘英国航空(BA)的国内线航段班机，可在英国当地购票，最简单的方式就是上网买电子机票，当然也可以找英国的旅行社代为购票。

电子机票哪里买

英航官方网站

可上英航的官方网站购买机票，照着网站指示做，一点都不难！

网址：www.britishairways.com

网络旅行社Expedia

推荐一家网络旅行社，里头提供了许多机票、或"机+酒"的行程，可查询并在线订购。

网址：www.expedia.co.uk

传统机票哪里买

英国当地有一家叫STA Travel的旅行社，可帮忙代订英国境内和欧陆的机票、旅游、住宿，甚至也有学生机票的服务。虽说是卖传统机票，但也卖电子机票，而且电子机票将慢慢取代传统机票。

网址：www.statravel.co.uk

廉价型航空服务

廉价航空公司的航空服务，是欧洲近年来新兴的热门交通方式。英国当然也有很多廉价航空公司，它们的航班飞行于英国境内与欧洲各国之间。

若提早买票，某些航班的单程机票，甚至还不到£20(未含税)，价钱相当有吸引力。廉价航空服务价格之所以能压得很低，是因为它会尽可能从各方面节省成本。因此，搭乘这类航空公司的班机时，最好得调整自己的心态，当做是搭客运，才不会太生气。

6大廉价秘密

1.**电子机票**：乘客得自己在各航空公司网站上购买，自己决定行程、买电子机票，节省人工售票成本。

2.**报到服务**：若没在报到时间截止前办好手续，完全无法通融，你会上不了飞机，浪费掉机票。不过，报到并不代表划位，越早至登机口报到的人，越能早点登机，自己选位置。

3.**机上服务**：几乎没有免费的饮食，吃喝都要钱，幸好，可以自己带食物上飞机吃。

4.**行李规定**：行李箱大小尺寸，各航空公司规定不同，收超重费用绝不手软，有些廉价航空托运行李要加收费用，比价时须一并考虑进去。

5. **更改服务**：机票一旦买了就不能退，但可以换。航程、日期甚至搭乘人通通都可以更改，只不过每改一项，就收一次手续费，而且费用不低，到头来，还不如重新买一张机票。

6. **赔偿条款**：廉价航空的航班误点机率，比国际级航空班机稍高，而且赔偿条款也不太能给乘客保障。例如飞机延迟或取消，乘客也无法退票或转到其他航空公司搭乘，只能听从航空公司的安排，甚至也没有食宿安排和补偿，这一点跟昂贵型的国际航空公司大不同。

如何买到最便宜的机票

可在出发前2～3个月开始搜寻机票价格，有特殊节庆可能要更早，有些航空公司的机票价格，越接近出发日期越贵，有些则不定时会有大特价。

由于整个票价机制是浮动的，由市场需求度决定价格高低，若看到可接受的价格，且确定行程不会变动，就得快点买票。一旦买好票，别再去比价了，这种赌博般的票价规则，越比，只会让人越生气！不过，若是热门旅游季节，廉价航空的机票价格仍不见得会压得有多低。

推荐欧洲廉价航空

这里列出几家欧洲廉价航空公司的网站，旅行者们规划行程时，不妨上去比比机票价格。

BMI：www.bmiregional.com
Cheap Flights：www.cheapflights.com
Easyjet：www.easyjet.com
Flybe：www.flybe.com
Jet2：www.jet2.com
Monarch：www.monarch.co.uk
Ryanair：www.ryanair.com
Skyscanner：www.skyscanner.net
Thomsonfly：flights.thomson.co.uk

如何前往英国国内线机场

廉价航空公司的班机起降，通常会选在比较偏远的机场。因此，买机票前，要先看清楚到底是在哪个机场，以及机场与市区之间的交通要怎么安排，这些信息在航空公司网站上都找得到。有时候，省了机票钱，却不一定能省掉往返机场与市区的交通费用。

除了希斯罗机场，廉价航空公司经常使用的，还有伦敦另外3个国内线、欧陆国际线机场，分别是：Gatwick、Luton、Stansted。National Express

这台"绿线757号"巴士，可以到Luton机场

这家客运公司有营运伦敦市中心到这些机场的路线，也营运伦敦各个机场之间的直达车。但除此之外，想前往希斯罗以外的3个伦敦国内线机场，也还有其他交通工具可搭乘。

Traveling in United Kingdom

英国交通篇

如何前往伦敦3大国内线机场

	Gatwick Airport	Luton Airport	Stansted Airport
火车	名称：Gatwick Express 网址：www.gatwickexpress.com 搭车：Victoria Train Station（维多利亚火车站） 车程：30分钟 票价：£31.05（网络预购来回票）	名称：Luton机场快线（需转乘接驳车） 网址：www.nationalrail.co.uk 搭车：St. Pancras（圣潘可拉斯火车站） 车程：约50分钟（含转接驳车） 票价：£16.5起（来回票，无时间限制）	名称：Stansted Express 网址：www.stanstedexpress.com 搭车：Liverpool Street Station（利物浦街火车站） 车程：45分钟 票价：£33.2起（来回票，无时间限制）
客运	名称：National Express 网址：www.nationalexpress.com 搭车：Victoria Coach Station（维多利亚巴士总站） 车程：80〜110分钟 票价：£15〜20（来回票）	名称：National Express 网址：www.nationalexpress.com 搭车：Victoria Coach Station（维多利亚巴士总站） 车程：80分钟 票价：£15〜22（来回票）	名称：National Express 网址：www.nationalexpress.com 搭车：Victoria Coach Station（维多利亚巴士总站） 车程：55〜75分钟 票价：£18〜22（来回票）
其他	名称：easyBus 网址：www.easybus.co.uk 搭车：Fulham Road Stop L（近Fulham Road地铁站） 车程：70分钟 票价：单程£6〜10（仅到北航站）	名称：easyBus 网址：www.easybus.co.uk 搭车：Buckingham Palace Road（维多利亚巴士总站外） 车程：80分钟 票价：单程£10起 名称：Green Line (757路线) 网址：www.greenline.co.uk 搭车：Buckingham Palace Road 车程：80分钟 票价：单程£8起	名称：easyBus 网址：www.easybus.co.uk 搭车：Baker Street客运站（近Baker Street地铁站） 车程：90分钟 票价：单程£10起 名称：Terravision Airport Shuttle 网址：www.terravision.eu 搭车：Buckingham Palace Road 车程：75分钟 票价：单程£6起

自己租车

英国是个走路靠左边的国家，因此驾驶座是在右侧，与中国的行车习惯相反。如果可以克服这点，租车前往英国乡村这种交通不便的地方旅游时，可以节省很多等车、转车的时间，让你的行程更自主、更深入。

租车公司哪里找

在机场或大型火车站等地，租车公司通常都会设立服务柜台。如果有租车的打算，可在出国前先上英国当地租车公司的网站，查询租车公司所在位置、车辆种类、费用预估，当然，也可以直接在网络上预订。如果已经到了英国，除了临柜租车，打电话订车也是个好方法。

推荐4家英国租车公司

这里列出4家英国常见的租车公司网站和电话，若有租车的打算，不妨上网看看各家的信息。

Avis
网址：www.avis.co.uk
电话：08700 100 287

Hertz
网址：www.hertz.co.uk
电话：08708 448 844

National
网址：www.nationalcar.co.uk
电话：0870 400 4560

EasyCar
网址：www.easycar.com
电话：0906 333 3333

租车5大注意事项

1. 手动挡或自动挡

英国和欧洲,目前仍以手动挡车为主。若要租自动挡车最好事先预订,或是到大一点的租车点(如机场),选择才会比较多。

2. 配备

汽车里一定有暖气,但冷气可不一定有。不过,一般来说,现在的自动挡车大多都已配备冷气空调。音响设备可能不是那么齐备,不过一般都可收听广播,开车时,听听收音机也不错!

3. 租车必备证件

租车时,除了要准备有效的护照和中文驾照公证文件,中文驾照正本也要带着。虽然外国人看不懂中文,但中文驾照才是正本,公证文件只是中文驾照的翻译本。中文驾照才有法律效用,没有它可是租不了车的。如果你已入境英国超过1年,就无法再使用中文驾照公证文件(期限只有1年),要考英国驾照才能租车。

4. 里程

这里指的里程数,就是你租车后行驶的距离。如果你知道自己会开很远,那当然要选择不限里程数的计价方案。某些便宜的计价方案,可能会限制每天的里程数,如果行驶超过里程数限制,可是会加价不少。所以,关于里程的问题,在租车前要问清楚,或是在租车公司网站上看清楚相关资料。

5. 还车与保险

有些租车公司有特殊保险条款须仔细阅读。另外,交车时请注意油箱内的汽油量,并且还车时要以等量油量归还。

应用英语 ABC

常见单词

Diesel	柴油	Leaded	含铅汽油
Unleaded	无铅汽油	Regular	一般汽油

应用对话

哪里有加油站?
Where is the petrol station?

我车没汽油了。
I've run out of petrol.

11月12~15日有车辆可供出租吗?
Is there any car available from 12th Nov to 15th Nov?

我更想租一辆大于1.6升排气量的自动挡/手动挡车。
I would prefer to have an automatic / manual car with larger than 1.6 litre.

基本保险保障多少损害赔偿呢?
How much would the basic insurance cover for damage?

我想买额外的保险,因为我想要更多保障。
I would like to have the extra insurance for more security.

租这辆车有里程数限制吗?
Do you have any mile limit for this car rental?

还车的时候,我需要把油加满吗?
Do I have to fill the petrol to full tank when returning?

我可以在其他的分公司还车吗?
Is it possible to return the car to your other branch?

还车时,若已经过了你们的营业时间,我可以直接把车停在你们公司的停车场吗?
Can I just drop the car if it is out of your business time?

应用对话

请给我一张到纽卡斯尔的票,谢谢。
May I have the ticket to Newcastle, please.

请给我两张到普利茅斯的来回票。
Can I have two return tickets to Plymouth?

我刚刚买的票可以退吗?
May I refund the ticket I just bought?

到曼彻斯特的第一班火车/公交车几点发车?
When is the first train / bus to Manchester?

前往牛津的火车要在哪个站台搭乘?
Which platform for the train to Oxford?

这个位子有人坐吗?/我可以坐在这里吗?
Is the seat taken? / May I sit here?

这班车会经过肯特吗?
Does the train go via Kent?

请问这班火车的终点站在哪里?请问这班火车/公交车开往哪里?
Where is the destination of the train, please? / Where is this train / bus heading to?

我要去格拉斯哥机场,请问要在哪里搭车?
Do you know where to catch the train to Glasgow airport?

请问25路的公交车站牌在哪里?
Where is the bus stop for Bus 25?

天啊!我坐过头了,我现在得下车了!
Oh god, I missed the station. I would have to get off!

伦敦交通篇
Transport for London

在伦敦，如何搭车？

游逛伦敦，足足有7种交通方式任你选择，当然，其中最方便的仍属地铁和公交车。先弄清楚你要去的地方，买到便宜、适合行程规划的票卡，就能在伦敦轻松来去！

看懂伦敦交通路线图	83
搭地铁	85
搭公交车	90
搭电车	92
搭轻轨电车	92
搭路面电车	92
搭火车	92
搭渡轮	93
搭缆车	93
骑自行车	93
搭出租车	93
在伦敦，不迷路	94
应用英语	94

地铁标志

市区公交车标志

轻轨电车标志

路面电车标志

火车铁路系统标志

自行车租借

伦敦大众运输系统

伦敦是个交通繁忙的城市，大众运输系统四通八达，交通工具五花八门

在伦敦游逛走共有7种交通工具可供选择，但最方便的仍是地铁和公交车。

每一种交通工具的标志长相都不同，上面一格格的图片告诉你主要交通工具标志的长相。地铁是一个红圈，中间有条蓝杠，横杠里会写地铁(Underground、Tube)或是该站名称。公交车则是一个红圈，中间是红色的横杠。轻轨电车(Docklands Light Railway)则是一个绿圈，中间是深蓝色横杠，横杠里会写简称DLR，这是一种和地铁很类似的交通工具，但运营路线比较少，主要分布在伦敦东边2~4区。铁路的标志，则是一个红色长方形框，里面画有双箭头。

伦敦高龄50的双层巴士，已于2005年12月退役，只留几条线路做观光巴士

看懂伦敦交通路线图

伦敦大众运输图(不含公交车路线)里,地铁依路线分成不同颜色,此外还有轻轨电车(Docklands Light Railway,简称DLR)、路面电车(Overground)、电车(Tramlink)和火车(National Rail)路线,这4种交通工具和未画进来的公交车,共同组成大伦敦的交通运输网。

大众运输图里也标示了伦敦的行政区,通常伦敦市中心是指地铁图正中央白色那一块标示着"1"的区域,这一区域不但是商业重镇,也是大多数伦敦景点的所在地。图里某些站会标示白色小圆圈,这表示同一个站内有许多路线交会。需特别注意的是,若同一站出现2个、3个甚至4个并排的白色圆圈,尽管表示有多种交通工具停靠同一站,但站台是不同的,必须走一小段路才能到达你要前往的站台。

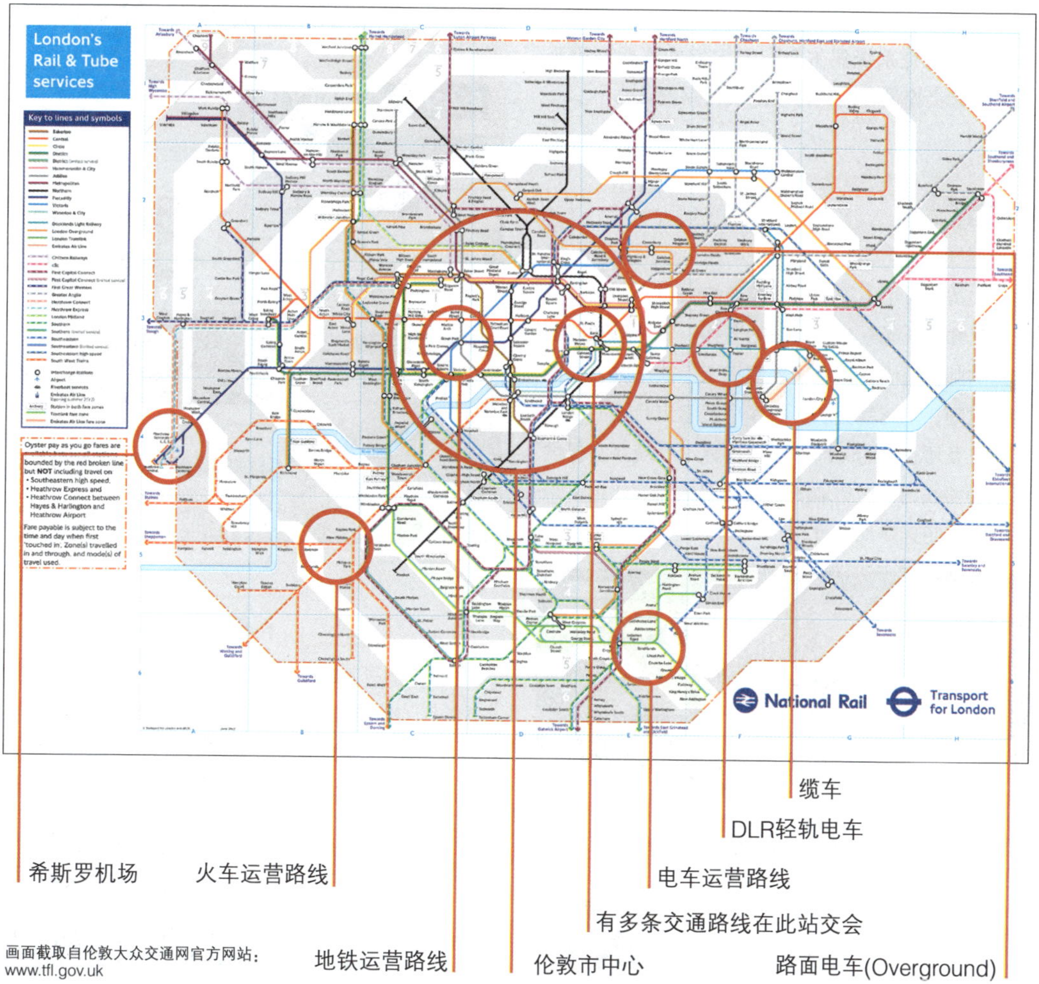

- 缆车
- DLR轻轨电车
- 电车运营路线
- 有多条交通路线在此站交会
- 路面电车(Overground)
- 希斯罗机场
- 火车运营路线
- 地铁运营路线
- 伦敦市中心

画面截取自伦敦大众交通网官方网站。
www.tfl.gov.uk

上伦敦大众交通官网，安排行程路线

由于伦敦的大众交通工具相当多，路线也很繁杂，出发前事先参考伦敦大众交通网官方网站，有助你在当地的交通安排。

伦敦大众交通网官方网站（www.tfl.gov.uk）主要有3种功能，一一说明如下：

提供实时路况

伦敦地铁系统偶尔会有不定期的不明原因延误，网站会提供各地铁路线的实时路况。

协助安排行程 (Plan a Journey)

此功能对于不了解伦敦交通的人是一大福音。若你只知道观光景点、车站的名称，甚至只知道该地点的邮政编码，只要输入起讫点与欲出发、欲抵达的时间，系统就会从资料库中搜索出合适的交通方式以及所花费的时间。不仅如此，系统还会提供详细的路线图、周边地图，只要把地图打印出来带在身上，想迷路都很难。

票价列表 (Ticket & Oyster)

各式各样的伦敦交通工具与票价都可以在这个网站上查到，不管是地铁(Tube)、公交车(Bus)、轻轨电车(DLR)、路面电车(Overground)或渡轮(River)，通通都有。伦敦的交通费年年上涨，这里有最准确的票价信息。

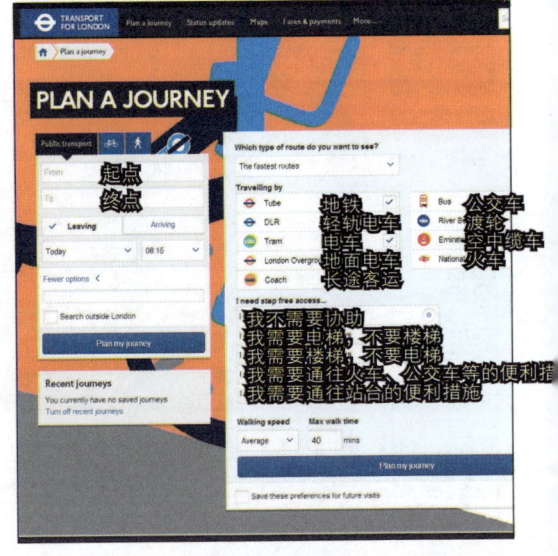

当然，你也可以到伦敦后，在地铁站找各式各样的搭乘信息，有小地铁图可拿哦

搭地铁

伦敦地铁站入口

搭地铁,当然要先买车票,但买车票之前,可得先搞清楚你的目的地在伦敦哪一区,以及你要搭的地铁路线会经过哪几区,才不会买错票。买错票,可是要补票才出得了站的。

伦敦的地铁车票以通过第1区(伦敦市中心,伦敦交通地图的白色范围)和通过较多区域的价钱较高。由于一般观光景点都位于第1区内,所以若只去市区观光,买第1区的票即可。希斯罗机场位于第6区,格林尼治位于第3区,若要前往这些地方,则要买涵盖该区域的车票。同一段路线的地铁票价,会依高峰与非高峰时段而不同。高峰时段(Peak Time)指周一~周五早上09:30以前,单程票价比较贵;周一~周五09:30以后其他时段、周末和法定假日全天,则算是非高峰时段(Off Peak Time)。

另外,提醒你,电梯、手扶梯并非伦敦地铁里的标准配备,若你携带大件行李,又要转车,会比较辛苦。建议可先利用Plan a Journey功能,查找无障碍的换乘方式(请参见p.48"搬运行李小提醒")。

认识各种地铁票

悠游卡(Oyster Card,又称牡蛎卡)

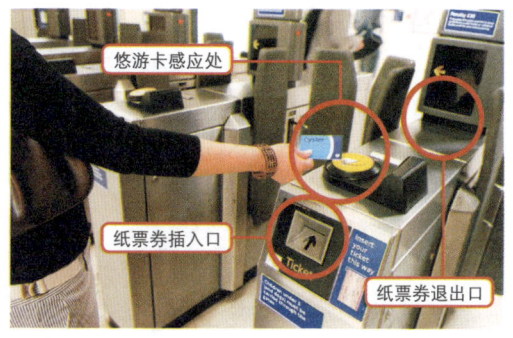

在伦敦搭乘大众交通工具,使用悠游卡最方便、最省钱。若是选择从机场搭乘地铁进入市区,建议直接购买一张悠游卡,其储值方式可参考官方网站内的"Top up Oyster"说明。

购买方法:到地铁人工售票窗口申请,并交纳押金£5,即可拿到悠游卡。悠游卡可在地铁、公交车、轻轨电车、电车系统和部分火车线路上使用。

使用方法:只要轻触闸口上的黄色圆形面板,系统就会自动扣款。

如何充值:使用车站内的充值机,或是设有黄色面板的自动售票机,机器也可查询余额。

伦敦悠游卡的二合一功能:

1. **具备储值功能(Pay As You Go)**:先在卡里储值,搭乘地铁、公交车、轻轨电车等大众交通工具时,轻触闸口黄色面板,即会自动扣款。但比较特别的地方是,伦敦大众交通每个区域都有每日上限交通费(Daily Price Capping),每天在某固定区域内搭乘交通工具的费用总和不会超过该区的每日上限交通费。而且这个费用最多只等于该区域的"一日旅游卡"费用,所以没有先买一日旅游卡,交通费也不会超支。

2. **具备7日以上旅游卡功能**:不管是以储值方式或向人工柜台购买7日以上期限的旅游卡,都存在这张悠游卡里。期限之内,可无限次搭乘购买区域的地铁、轻轨和全伦敦市区内的公交车。另一个好处是全天都可使用,无高峰、非高峰时段限制。

悠游卡余额不足时,可用车站内的充值机、自动售票机或到站务人员那里充值。

地铁票价比较表 以2014年1月为参考点(成人票价,单位为£)

票 种	范围&价格		范围&价格		仅搭乘公交车
	Zone 1-2	Zone 1-2	Zone 1-6	Zone 1-6	全区
	高峰时段 周一~周五 06:30~09:30	非高峰时段 09:30以后 及周末假日	高峰时段 周一~周五 06:30~09:30	非高峰时段 09:30以后 及周末假日	每日04:30~次日04:30
悠游卡单程票	2.80	2.20	5.00	3.00	1.45
现金购买单程票	4.70	4.70	5.70	5.70	2.40
悠游卡每日上限	8.40	7.00	15.80	8.50	4.40
1日旅游卡	9.00	8.90	17.00	8.90	4.40
悠游7日旅游卡	31.40	31.40	57.20	57.20	20.20

*以上信息时有变动,出发前请再次确认。

1日旅游卡
(1 Day Travelcards)

各种1日或7日旅游卡除了都可储存在悠游卡外,短期旅游者也可单买纸质的1日旅游卡,一样可搭乘地铁、轻轨和全区公交车。这种旅游卡还是机器打印的纸张票券。除了依照区域有不同的价格,还有高峰时段(Peak)与非高峰时段(Off Peak)两种票价。周一~周五09:30以前的票,都算是高峰时段票,价格较贵。高峰与非高峰时段的票,都可用到次日凌晨04:30。

现金购买单程票
(Single Cash Fare Ticket)

若未使用悠游卡,也可直接购买纸质单程票,但价格会是使用悠游卡的几倍。一般来说,只要往返1区市中心,单程票至少有£4.7起。如果只在市中心移动,并不建议购买纸质单程票。

伦敦地铁站入口

Oyster Card

1日旅游卡

只限在非高峰时段使用
限当日使用

7日旅游卡

启用日　有效日　有效期1天以上的旅游卡,全天都可使用,无高峰、非高峰时段搭乘限制,而且还可免费搭全伦敦的公交车

地铁票购买方法

使用触控式售票机买票

触控式屏幕的自动售票机,出售各种7日内票券。

Step 1 选择使用语言
选择要使用的语言界面,机器设置有多种语言,也有中文。

Step 2 选择票种
选择要购买的票种与数量。
* Single to Zone 1:指到第1区的当日单程车票。
* Day Travelcard Zones 1 & 2:指到第1区和第2区的1日旅游卡(可无限次搭乘区域内的地铁,并且可以免费转乘全伦敦的公交车)。
* Other Single / Return Destinations:指到特定车站的单程票或来回票,按下后,下一个画面会请你输入该站的名称或所属区域。
* Other Day Travelcard:指到其他区域(第1区以外)的1日票。
* Family Travelcard、Bus Pass and Other Ticket:若要买连续数天的票券或公交车次数票,就按这个选项。
* Multi Ticket:购买多张票。
* Child Ticket:购买儿童票。

Step 3 购票确认
画面会告知你所选的票券是哪一种,以及票价多少,以供确认。右边有两个键,上面那个是多打印一张购票收据,下面那个则是还有一次机会更改购票数量。若你确认画面的购票信息无误,就可直接以硬币、钞票或信用卡付款。

Step 4 付款
投币付款:投币式付款,只接受10便士(10P)以上面额的硬币。
钞票付款:用钞票付款,请把钞票的女王像朝上、朝外侧,机器才能识别。
信用卡付款:机器接受各常用信用卡付款,卡片正面朝上插入后,屏幕会显示自动联机银行,授权扣款后即可取出卡片。

Step 5 取票找零
完成买票手续后,就可以从下方洞口取票,并拿回找零。

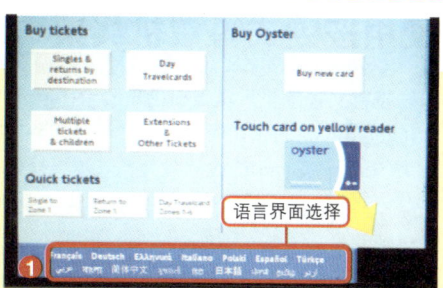
语言界面选择

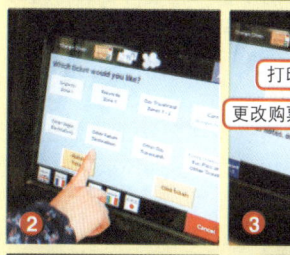

打印收据
更改购票数量

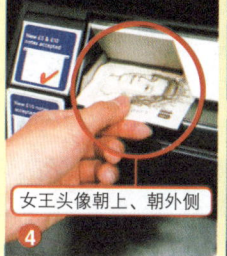
女王头像朝上、朝外侧

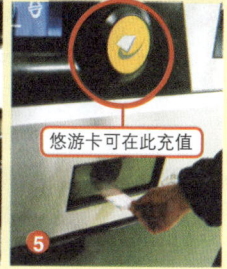
悠游卡可在此充值

使用人工售票窗口买票

地铁站内当然有人工售票口,除了出售各种地铁票,也卖公交车票。

使用按键式售票机买票

按键式售票机只卖当日的单程票(Single)、1日旅游卡(Day Travelcard)，而且只接受零钱购票。机器最上方若有Change Given的显示灯亮，表示可找零钱。

选择票种
先看地图，看清楚目的地位于哪一区，然后看需要买哪种票，按下适合的按键(灰色处)，按键旁边的黄字是该种票券的价钱。

投币
机器只接受零钱。10便士以上的硬币才可以用，1便士、2便士的小面额一般机器都不收。

取票、找零
完成买票手续后，从下方洞口取票，并找零。

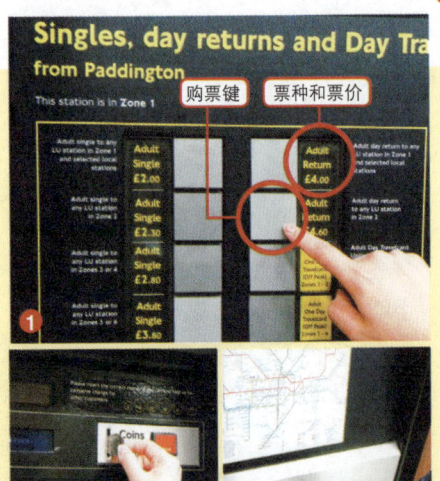

学会搭地铁

先查看地铁路况

闸口处常有一个立牌或电子显示屏，随时显示当前各地铁路线行进状况是否正常。

Step 2 刷票卡或用悠游卡过闸口

进闸口时，纸质票正面朝上，插入票卡孔，若没问题，票会从机器上方跑出，闸门就会打开数秒钟。记得要先取票，再过闸门，票根要保存好，因为出站时还要再刷票才出得了闸口。另外，若使用单程票，则出站时会被回收。使用悠游卡则在黄色圆形面板上感应即可。

 **地铁搭乘步骤**

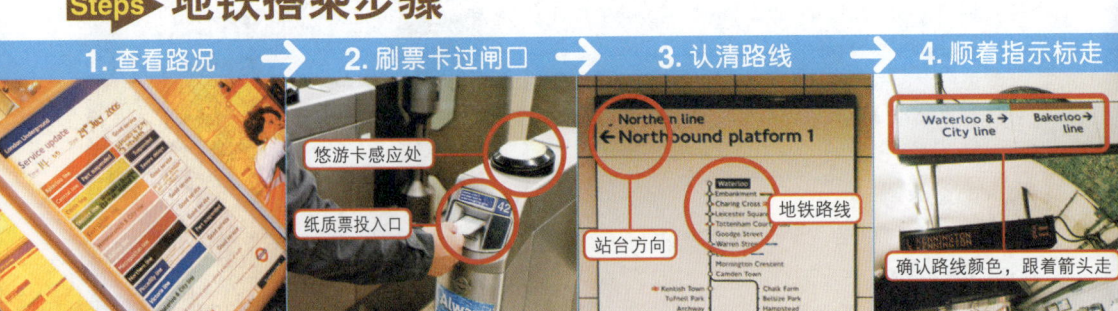

1. 查看路况 → 2. 刷票卡过闸口 → 3. 认清路线 → 4. 顺着指示标走

 认清搭乘路线

　　进入搭车站台前,会有指示标标示该站台停靠地铁的行驶路线,所以,走进站台前,再确认一下这是不是你要搭的路线。路线图最上方有个"反白"的标识,那代表你目前所在的位置,其余的就是该路线沿路会经过哪些站。如果该路线有不同的终点站,也请记得看看你的目的地是在哪条支线上,终点站又是哪一个。

 顺着指示标走

　　若你搭车的地铁站有多条路线交会,那么站台里可能会有各式各样的指示标,一时让人搞不清楚。请把握一个原则,记住自己要搭的路线是什么颜色,顺着指示标走,就不会迷路。

 在站台候车

　　站台上的电子显示器会显示即将进站的3班车的目的地、还需多久会进站等信息。等车时,请站在黄线后面,以确保安全。伦敦的地铁站台和列车之间距离不一,在车站和车上你常会听到"Mind the Gap"的广播,提醒你上下车时别踩空了。

 搭上地铁

　　车厢内会有该路线地图,也有转车信息。此外,每个地铁车厢之间,可不一定相通!

 到站下车

　　下车后,担心在复杂的地铁站里会迷路吗?别担心,只要跟着"WAY OUT"的指示标走,就会到出口。把车票准备好,出站时要刷票卡。

出地铁站

　　闸口出口附近,会有一张附近地区的地图,可供你参考到达地铁站地面出口之后该往哪里走。

搭公交车

双层老公交车，是所有到过伦敦的旅行者难忘的交通工具。但老公交车已经50几岁了，现在只保留几小段路线，供观光使用。新式的双层巴士(Bouble-Decker buses)为前门上车、后门下车。而双节巴士(Bendy-buses)，则是前中后三个门都可以上下车。

认识各种公交车票

在搭公交车前，当然要先买票，伦敦自2014年夏季施行新政，公交车上再无以现金购票。市区的公交车站牌旁设有公交车票专用售票机，当然也可以到地铁站买，或到附近贴有"Ticket Stop"标志的商店买。持地铁旅游卡，可免费搭伦敦全区的公交车，若是持纸质票，上车时给司机看一下票卡，使用悠游卡则自行将卡轻触黄色圈圈扣款即可。英国公交车在市区很方便，但若要去郊外或较偏远的风景区，公交车时刻表通常只能用来参考，请先跟游客中心确认一天几班公交车及发车时间，有时往返郊区的公交车会迟到或者不到。另外，郊区的公交车票可在上车后再跟司机购买。

学会买公交车票

若没有使用悠游卡，附近也没有地铁站可购买公交车票，公交车站牌旁也有公交车票专用售票机可购票。

先走到公交车站牌处
找到公交车票专用售票机。看黄色面板，上头列有票种和票价，售票机只卖：单程票、来回票和1日券。成人单程票为£2.4、1日票为£4.4。

投币(不找零)
决定好要买的票种后，便可投币，请注意，这种机器不找零，而且只接受5便士以上面额的硬币。

选择票种
选择要买的票，按下票种旁的黑色按钮。

取票
请从下方票孔取票，取消购买的退币也是从此处取出。要注意，售票机可是不找零哦！

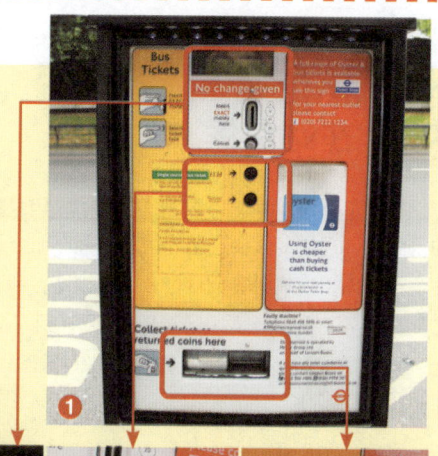

学会搭公交车

Step 1 找公交车站牌

若你看到一个红圈，中间有条红色的横杠，那就代表你看到了公交车站牌。另外，公交车车身的正前方会写上它的路线编号、行经的大站和终点站名。

Step 2 看懂公交车路线图

每一个公交车站牌下方都贴有路线图，每一个公交车站牌附近也会有站牌图。伦敦的公交车站牌，并不会把某路线所有行经的站名都写出来，而是只标出相邻的大站而已。也就是说，路线图上头标出3个站，并不一定真的搭3站就到了，中间的小站可能没标示出来。若你要搭公交车前往不熟悉的地方，可先把前后站的位置都记一下，或者请教司机或其他乘客，该在哪里下车。

- 公交车站牌英文标号，可对照站牌地图了解目前位置
- 公交车行进方向或终点站
- 公交车行进方向
- 所有停靠此站的公交车路线；数字前方若有"N"，代表该路线只在晚间行驶；24小时运营的路线，则会在数字上方标示"24 hour"

Step 3 候车

有些候车亭里头有电子显示器，告诉你下班车的编号、行驶方向和预计进站时间。只不过，有些时候仅供参考，不一定准确。

Step 4 搭上公交车

在伦敦搭公交车，一律都从后门下车。下车前，要记得按"Stop"铃！

- 此路线24小时运营
- 行驶站名标示：白色部分表示已经行驶过的车站，黑色部分是即将行驶的站。其中，黑色部分下方有小数字，代表预计到达每个大站的行驶分钟数
- 该路线公交车到该站的时刻，及平日、周末、夜间不同行驶间隔

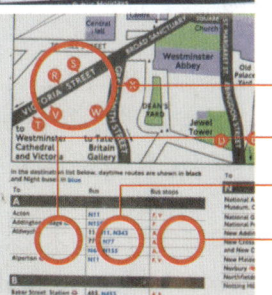

- 此站牌附近的站牌地图
- 黑色字：去某站
- 蓝色字：可搭哪些公交车
- 红色字：去哪个英文标号站牌搭车，然后再对照最上面的小地图，即可找到站牌所在

Steps 公交车搭乘步骤

| 1. 找公交车站 | 2. 看路线图 | 3. 候车 | 4. 搭上公交车 |

1. 进站顺序
2. 公交车路线
3. 目的地或方向
4. 等待时间（注：Due表示时间已到）

搭电车

电车(Tramlink)主要行驶于伦敦南边第3~第6区，票价与公交车相同。若你买的地铁票、悠游卡也涵盖电车系统行驶的区域，则也可以用于搭电车。电车虽然是无人驾驶的自动系统，但还是要记得买票，因为有时候车上会有查票员，若你无票乘车，罚款可不便宜。

搭路面电车

路面电车(Overground)主要行驶于伦敦一区以外的周边地区，搭乘方式与轻轨电车相同。车厢更为宽敞，也更舒适。

搭火车

搭轻轨电车

轻轨电车(Docklands Light Railway，简称DLR)主要行驶于伦敦东边第1~第3区，搭乘方式和搭地铁一样，票券、悠游卡也可通用。至于买票方式，可利用轻轨电车的自动售票机，使用方法和地铁售票机相同，只不过是用屏幕右下角的转盘来选择。轻轨电车采用无人驾驶且站台不设立闸口，切记一定要买票，使用悠游卡进出站时也一定要触碰扣款，才代表买过票。火车全线不定点查票，没付车票钱会被罚款哦！

出口虽无闸口，但设有票卡感应机

注意标志，这是轻轨电车的站台

整个大伦敦交通网，当然也包括火车(National Rail)营运路线。大伦敦区域的范围很大，要到市中心以外的大伦敦区域，搭火车会比较快。更何况，离开了市中心，其他区域的地铁系统确实不如市中心密集，反而是火车路线还比较四通八达。有些火车路线，只要有地铁票或地铁悠游卡就可以搭乘，有些路线则不能共享。

此外，大伦敦区域的火车运营，由许多不同公司经营，所以也和全国性的火车系统一样，各有各的计价方式。若需搭火车在大伦敦区域里活动，可到火车站或地铁站拿份路线简介好好研究一番。

可用悠游卡(Pay As You Go)搭乘的铁路路线	可用地铁周期票和地铁悠游卡搭乘的火车路线
1. Amersham ⟵⟶ Marylebone 2. Finsbury Park ⟵⟶ King's Cross / Moorgate 3. Stratford ⟵⟶ Liverpool Street 4. Tottenham Hale / Seven Sisters ⟵⟶ Stratford 5. Upminster / Rainham (Essex) ⟵⟶ Fenchurch Street/Liverpool Street via Barking (but not Forest Gate / Maryland) 6. Walthamstow Central/Tottenham Hale/Seven Sisters ⟵⟶ Liverpool Street 7. Watford Junction ⟵⟶ Clapham Junction (Southern service) 8. Watford Junction ⟵⟶ Euston (London Midland service) 9. West Drayton / Greenford ⟵⟶ Paddington 10. West Hampstead (Thameslink) ⟵⟶ Moorgate / Elephant & Castle / London Bridge 11. West Ruislip ⟵⟶ Marylebone 注意：这里可使用悠游卡的意思是，只要票卡里面有储值，意即拥有电子钱包功能，即可用悠游卡来搭乘火车、扣票款。	1. Amersham ⟵⟶ Marylebone 2. Finsbury Park ⟵⟶ King's Cross / Moorgate 3. Kenton ⟵⟶ Euston 4. Liverpool Street ⟵⟶ Walthamstow Central / Tottenham Hale / Seven Sisters 5. North Woolwich ⟵⟶ Richmond (North London Line) 6. Stratford ⟵⟶ Liverpool Street 7. Upminster ⟵⟶ Fenchurch Street / Liverpool Street via Barking (but not at Forest Gate / Maryland) 8. West Brompton ⟵⟶ Willesden Junction 9. West Hampstead Thameslink ⟵⟶ Moorgate / Elephant & Castle / London Bridge 10. West Ruislip ⟵⟶ South Ruislip 注意：这里可使用悠游卡的意思是，只有当票卡里头购买了7日以上旅游卡服务且交通涵盖地区相同的情况下，才能用悠游卡来搭火车。

Traveling in United Kingdom

伦敦交通篇

搭渡轮

渡轮服务，是以观光玩乐的性质居多。顺着泰晤士河走的渡轮，可从西边的切尔西码头(Chelsea Harbour Pier)；夏天，则是从更西边的第4区的Hampton Court Pier搭船，直搭到格林尼治以东的Woolwich Free Ferry。票价依每个人搭的距离长短而不同，例如从威斯敏斯特教堂搭到格林尼治的单程成人票为£12、来回票为£15.9，不同渡轮公司的价格稍有差异。

某些河段对于持伦敦地铁旅游卡的人提供1／3的票价折扣，意即仅需支付2／3的渡轮费用。渡轮票券可在码头买到。

搭缆车

伦敦缆车(Cable Car)于2012年兴建，此条交通路线(Emirates Air Line)跨越泰晤士河，连接Greenwich Peninsula和Royal Docks两地，是到达O2表演场和欣赏泰晤士河的另一种选择。缆车车厢分一般型和360度，车票可用悠游卡扣款(单程£3.3)或售票口购票(现金单程£4.4)。

骑自行车

为推动更顺畅便利的交通系统，伦敦景点或各大地铁站皆设有租借自行车系统，可甲地租乙地还，目前只收信用卡，30分钟内皆免费。记得还车时感应到车台，绿灯亮起则不再计时收费。还车5分钟后可再租借另一辆，因此有计划地租借可整天免费使用。

搭出租车

在伦敦搭出租车(Cab、Taxi)，费用相当昂贵，计价方式是依距离和时间共同计价。搭出租车的起价为£2.4，且依高峰、非高峰、假日、夜间而有不同的计价方式。而且，搭乘出租车除了付车资外，通常也要给司机小费，小费约为车资的10%～15%。

另外，也有些私营的小出租车公司(Mini Cab)，收费比较便宜。但缺点是，可能会不那么准时按约前来载客，或是司机可能不擅说英语、对路况较不熟悉等。

伦敦各出租车公司

公司名称	联络电话
Taxi One-Number	0871 871 8710
Computer Cab	0207 432 1432
Dial-A-Cab	0207 253 5000
Radio Taxis	0207 272 0272
Xeta	0845 108 3000
Zingo	0870 070 0700
DataCab	0207 432 1540

伦敦出租车服务计价表

距离(英里)	估计所需时间(分钟)	周一～周五 06:00～20:00	周一～周五 08:00～22:00 周末 06:00～22:00	夜间 22:00～06:00 法定假日
		价格(£)		
1	6～13	5.60～8.60	5.60～8.80	6.60～9.00
2	10～20	8.40～13.80	9.00～13.80	10.40～14.60
4	16～30	15.00～22.00	16.00～22.00	18.00～27.00
6	28～40	23.00～29.00	28.00～31.00	28.00～33.00
希斯罗机场到伦敦市区	30～60	45.00～85.00	45.00～85.00	45.00～85.00

资料来源：伦敦大众交通网官方网站 www.tfl.gov.uk

附注：1英里=1.609千米
＊以上信息时有变动，出发前请再次确认。

在伦敦，不迷路

路名　邮递区号

伦敦的道路错综复杂，因为开发得很早，当时的都市规划并没把道路设计成棋盘状，所以，千万别以为相邻的两条路一定是平行的，这样很容易迷路。在伦敦观光，准备一张详细的地图是绝对有必要的。许多地铁站台或旅游信息中心都会为游客提供地图，地图上会把大景点都标示出来，很实用，但略嫌精简了点。

学会认路

抬看观望

停下来，抬头看看附近交叉路口建筑的墙边或路边转角，你会看到一个白色长方形的标志，这标志可告诉你身在何处。

看懂路标

没错，那白色长方形标志就是路标。上头的黑字代表这条路、这个广场的名称；紧接在路名或地名后面的，是红色的英文字母和数字，代表英国的邮政编码。

看懂伦敦邮政编码

路标上的红色英文字母，分别代表此地位于伦敦市中心的东(E)、西(W)、南(S)、北(N)四个方向。同理可证，SW指的就是西南方，其余类推。

英文字母后面的数字，则表示此地距离市中心的远近，数字越大，代表离伦敦市中心越远。数字只要大于3，就已经离市中心有点距离了。甚至，当你预订住宿点的时候，还可参考一下该地的邮政编码，大概可猜出它离市中心的远近。其他城市的邮政区号，也大致用数字大小来判断离市中心的远近。

应用英语ABC

常见单词

Bus Stop 公交车站	One Day Travelcard 一日旅游卡	Aisle Seat 过道座位
Tube 地铁	Timetable 时刻表	Airline Seat 有小桌子可放下的座位
Part Closure 部分区段停驶	Train Station 火车站	Front 顺向
Tour Bus、Sightseeing Bus 观光巴士	Platform 站台	Backward 背向
Exit 出口	Coach Station 客运站	Reserve、Reservation 订位
Entrance 入口	Gate 乘车门	Arrival 抵达
Lift 电梯	First Class 头等舱	Departure 出发
Ticket 票券	Second Class 二等舱	Direct Service 直达
Single Ticket 单程票	Sleeper 卧铺	Transfer 转车
Return Ticket 来回票	Window Seat 靠窗座位	Lost And Found airline 失物招领处

应用对话

请小心站台间隙！
Mind the Gap！

到哈罗德百货公司的时候可以叫我一下吗？
Would you please tell me when it arrives Horrad's?

饮 食 篇
Dining

在英国吃吃喝喝

你知道英国人一天要吃四餐吗？你知道传统的英式早餐，究竟吃些什么吗？你知道便宜的英国食物哪里找吗？往下翻读本篇就对了！

英国人，一天吃四餐	96
英国人的用餐礼仪	98
便宜食物哪里找	99
应用英语	100

英国人，一天吃四餐

早餐

早餐、午餐、下午茶、晚餐，但不是每个人都会有下午茶。

英国人相当重视早餐，从谷片、主菜、到面包、早茶，一应俱全(虽然现在大部分英国人在平时上班的日子里，没空吃得这么丰富)。若你住宿的饭店没有早餐，没关系，许多咖啡馆也会卖英式早餐(主菜)。早餐时间为07:00～09:00(各处略异)。

英式早餐上菜顺序

1. 果汁
2. 谷片
3. 主菜
4. 烤吐司 咖啡或红茶 水果

果汁

通常供应柳橙汁、苹果汁或混合果汁。

谷片

谷片(Cereal)。有玉米片(Corn Flake)、爆脆米(Rice Crispy)和燕麦片(Muesli)等都可选择。食用时，可加入牛奶、酸奶、水果一起食用。

主菜

主菜内容有：蛋、培根(Bacon)、香肠(Sausage)和其他配菜。

蛋，有多种烹调方式可选。有炒蛋(Scrambled Eggs)、有带壳水煮蛋(Boiled Eggs)、无壳水煮蛋(Poached Eggs)和煎蛋(Fried Eggs)。煎蛋还分：只煎单面(Sunny Side Up)、两面都煎一下(Over Easy)、煎到蛋黄熟透(Over Well Done)。

配菜部分，依各地特色而略有不同。例如烤豆子(Baked Beans)，是酸酸烂烂、烤后再用西红柿酱煮过的黄豆)、烤西红柿、烤蘑菇、炸薯饼、炸吐司。某些地区还有黑布丁(Black Pudding)，就是把猪血、碎面包、燕麦搅和在一起烤的圆饼，甚至还有烤吐司加奶油或果酱。

烤吐司+咖啡或红茶+水果

饱足后，可来杯咖啡或红茶，以助醒脑，作为早餐完美的句号。糖或牛奶可自行取用。另外值得注意的是，一些住宿地点规定，若在餐厅额外打包早餐，还会再收取部分餐点费用。

午餐

相对于早餐，英国人吃午餐则相当简单，经常是一个三明治就打发了。当然，生菜沙拉也是个选择。

便利商店很容易就可以买到三明治、沙拉这类外带食物。人们买了之后，常会带到公园内，一边晒太阳，一边吃。此外，到咖啡馆或小酒吧则可吃到以轻食为主的热食，比如加上各种配料的烤马铃薯(Jacket Potato)，吃起来就很有饱足感。

下午茶

只有绅士名媛跟退休的人才一天吃四餐，下午茶大部分是老人、妇女或招待朋友，还有游客喝的！现在英国人一般把 Tea-Time定义为Dinner，也就是说，如果有英国人跟你说约Tea-Time一起吃饭，就是一起吃晚餐，而不是请你喝下午茶。

但下午茶(Tea-Time)绝对算是英国正统饮食的一部分！英国人永远有喝茶的理由，英式下午茶举世闻名，每天15:00～17:00，食用蛋糕、英式松饼、小三明治，再配上一壶好奶茶，补充体力。

过去因为用晚餐时间很晚，所以才慢慢有了下午茶时间，人们会稍微吃点小点心垫垫肚子。传统的下午茶，是吃小甜点、小饼干和小黄瓜三明治，配上热红茶或奶茶；现在，许多高档饭店还是可以享受到这种纯正的英式下午茶，且供餐时间较长。

英国西南部的乡村下午茶则又是另一番风味，松软的纯手工英式松饼(Scone)，夹上当地盛产的浓醇牛奶制造的奶油和自家制果酱，不但不油腻，反而齿颊留香，搭配奶茶更是绝配。

这是英国西南部康沃尔郡的乡村下午茶内容

晚餐

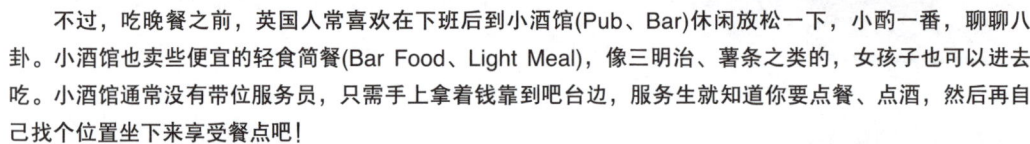

晚餐自然也是英国人用餐的重头戏，大约是从晚间7点以后开始吃；去得太早没得吃，太晚去又得大排长龙。晚餐内容从开胃菜、主餐到甜点都有，边吃边聊天，增进情感交流再正常不过。因此，吃顿正式晚餐得花上好几个钟头。

不过，吃晚餐之前，英国人常喜欢在下班后到小酒馆(Pub、Bar)休闲放松一下，小酌一番，聊聊八卦。小酒馆也卖些便宜的轻食简餐(Bar Food、Light Meal)，像三明治、薯条之类的，女孩子也可以进去吃。小酒馆通常没有带位服务员，只需手上拿着钱靠到吧台边，服务生就知道你要点餐、点酒，然后再自己找个位置坐下来享受餐点吧！

不过，小酒馆的餐食并不会供应到太晚，过了用餐时间可能就没有了。尤其是周五傍晚和足球赛季，想体验英国人对足球的狂热，到转播足球赛的小酒馆去，准没错(但你得观望一下，看大家支持的是哪支队伍，支持错了可就糟了)！

英国人的用餐礼仪

英国人的用餐顺序

Step 1 等候带位

进入餐厅时，请告知服务员有几位一起用餐，服务员会为你带位，若暂时没有座位会请你先在玄关处等待。除非是到自助式的咖啡馆或快餐店用餐，否则不要自己任意找位置坐，这样是很不礼貌的。

Step 2 点开胃酒或饮料

入座后，服务员会递上菜单并询问饮料。不想喝饮料可以要水，Tap Water(生水)是免费的，英国的水可以生饮。当你要水时一般餐厅会问你要Still Water or Sparkling Water，这两种都是瓶装水，价钱可比得上酒钱了。想喝点酒又不知道要喝什么，就点House Wine吧。

Step 3 研究菜单与点菜

菜单上的"Set Menu"，指的是已经设定好的套餐组合；"Today Special"则是今日套餐，套餐里通常是前菜、主菜和甜点各选一样，另外再加点饮料。

Step 4 结账与小费

小费虽然不是一定得给，但在餐厅用餐最好给点小费，小费一般是给消费金额的10%～15%。若账单上写着"Services Included"，就表示服务费已经内含，就不用再额外给小费了。若是以信用卡付款，可直接在签名时，填上想给的小费金额，自行加总后，再以信用卡付款；或者直接把小费留在桌上，即可离席。

Traveling in United Kingdom

饮食篇

便宜食物哪里找

　　在英国，饮食消费并不便宜，在餐厅吃一顿丰盛的晚餐得花上好几十英镑。即使一般简便的餐食，也要花£5左右。这里介绍一些卖便宜轻食的地方，并推荐一些好吃又便宜的餐点。

到Tesco找便宜食物

路边轻食店总是大排长龙

中东袋饼好吃又便宜

到Sainsbury's找便宜熟食

不想花大钱用餐，可到咖啡馆简单吃

有附米饭的中东食物

到Marks & Spencer找便宜轻食

牛肉馅饼是小酒馆常见的轻食

吃起来很爽口的土耳其沙拉

下班后，英国人喜欢到小酒馆喝两杯

英国轻食店林立，不怕找不到便宜食物

地道小吃炸鱼和薯条，一定要尝尝

炸鱼与薯条

若说起地道的英国小吃,那可非炸鱼与薯条(Fish and Chips)莫属,而且在小乡镇或是非用餐时间也吃得到哦!

三明治、汉堡包

Marks & Spencer、Sainsbury's和Tesco,这三间连锁超市,几乎遍布英国各地,一般来讲都有"三明治区",规模较大的则设有"熟食区"。而对于加长型三明治,Subway是不错的选择,天天都有特价餐(约£2)吃得饱又便宜。Upper Crust是火车站里常见的加长型三明治连锁店,外脆内软的长条法国吐司加上各种不同口味内容物,再加上一杯咖啡,约£7以内,是旅途中最佳的简餐良伴。

轻食

咖啡馆和小酒馆随处可见,这些地方只供应轻食类的食物,例如汉堡包、附餐(Nibble、Side Food/Dish)、三明治、馅饼(Pasty)、烤马铃薯(Jacket Potato)。

中东烤肉

中东食物,如中东烤肉(Kabab)和各式中东料理,也算蛮便宜的食物,而且也很容易在各个城市找到。

应用英语 ABC

常见单词

Roast 烧烤	Onion 洋葱	Oyster 牡蛎	Roast Beef 烤牛肉
Grill 煎烤	Sea Food 海鲜	Lobster 龙虾	Haggis 苏格兰羊杂
Fry 油炸	Salmon 鲑鱼	Squid 乌贼	Skimmed Milk 脱脂牛奶
Vegetable 蔬菜	Haddock 北海鳕鱼	Beef 牛肉	Whole Milk 全脂牛奶
Spring Onion 葱	Cod 鳕鱼	Pork 猪肉	Ginger 姜
Cucumber 黄瓜	Kipper 熏鲑鱼	Chicken 鸡肉	Vinegar 醋
Mushroom 蘑菇	Plaice 比目鱼	Mince 绞肉	Ketchup 番茄酱
Spinach 菠菜	Mussel 蚌壳	Ribs 肋排	Soy Sauce 酱油
Broccoli 花椰菜	Crab 螃蟹	Breast 鸡胸肉	Olive Oil 橄榄油

应用对话

你可以为我推荐本地的意大利餐厅吗?
Could you recommend any local restaurants for Italian food?

法国菜餐厅通常营业到几点?
What is the opening hours for the French restaurant?

我们有两位要用餐。
May I have a table for two?

请给我菜单。
Can I have the menu, please?

我不知道该怎么点餐,你可以推荐我几道菜吗?
I don't really know how to order.
Would you recommend me some nice dishes?

能否另外给我两个盘子?
Can I have two extra plates, please?

我想要喝点饮料。
I would like to have some drinks, please.

我想和那个人点一样的菜。
May I order the same dish as what that person has?

我点的菜还没来。
The dish I have ordered hasn't come / served yet.

我没点这个。
Sorry, but I didn't order this.

这个好像没有煮熟,闻起来怪怪的。
This is not well cooked. Well, it smells.

可以帮我把剩下的菜打包吗?
Can I have the rest of the food taken away, please?

请结账。
Can we have the bill, please?

我和我朋友各付各的/一起付。
Can we pay separately / pay together?

我可以再看一下菜单吗?
Can I have a look at the menu again, please?

这一项的价钱是多少?金额好像不对。
How much for this dish? Well, it seems the price is wrong.

玩乐购物篇
Sightseeing & Shopping

到英国
哪里最好玩、什么最好买？

英国历史悠久，有许多自然人文景观可观赏，不管是城市一日游或数日游套装行程，都可一览英国魅力。此外，英国有各种深具传统和特色的百货公司和集市，别忘了一定要去"朝圣"。

善用旅游信息中心	102
游览英国的四种套装行程	102
英国必玩景点	104
伦敦必玩景点	109
包罗万象的博物馆	112
英国啤酒节	113
英国夜生活	113
享受精彩音乐剧	114
在英国购物	116

善用旅游信息中心

英国是个很重视观光旅游业的国家，不管大城或小镇，几乎都设有旅游信息中心(Information Center)。旅游信息中心的招牌是个简单的"i"，伦敦共有十几个旅游信息中心，大部分都设在大众交通工具易到达之处，甚至就位于火车站旁边。

伦敦大众交通站附近的旅游信息中心

名称	地点
Liverpool Street	利物浦街地铁站内
Piccadilly Circus	皮卡迪利圆环地铁站内
Euston	尤斯顿火车站第8月台对面
Victoria Coach Station	维多利亚长途巴士站抵站大楼
Victoria	维多利亚火车站第8月台对面
Heathrow Terminal 123	希斯罗机场第1、2、3航站的地铁站内

备注：旅游信息中心24小时服务电话 020 7222 1234
伦敦信息中心可在此网站查询 www.visitlondon.com

旅游信息中心提供以下服务

1. 提供简易地图与交通信息。
2. 介绍当地与周边旅游景点以及可参加的当地观光行程。
3. 可代订住宿，酌收少许手续费。
4. 出售相关旅游书籍、纪念品。
5. 某些旅游信息中心也出售邻近地区的交通票券。

游览英国的四种套装行程

露天观光巴士1日游

热门的观光市镇常有上层是露天座椅的观光巴士。这种巴士买一张票能搭一整天，可以随自己的行程安排随时上下车，是一种极为方便的一日游交通选择。观光巴士的车站站牌和市区公交车的站牌很像，只是颜色不同。有时候也会写在同一个站牌上。

推荐两家英国观光巴士公司

The Original Tour
运营区域以伦敦为主，网址：www.theoriginaltour.com。

City Sightseeing
运营网络遍布英国和欧洲60余个市镇，网址：www.city-sightseeing.com。

Traveling in United Kingdom

玩乐购物篇

伦敦邮轮1日游

搭邮轮，游泰晤士河。泰晤士河贯穿伦敦市中心，在船上可欣赏两岸许多著名建筑以及河面上不同时期建造的桥梁。

1. 伦敦的城市邮轮(City Cruises)可从威斯敏斯特教堂港口(Westminster Pier)沿河到格林尼治(Greenwich)，途经国会大厦、大本钟、伦敦眼、圣保罗教堂、莎士比亚圆形剧场、伦敦塔与伦敦塔桥等伦敦著名景点。
2. 伦敦城市邮轮网站：www.citycruises.com

伦敦郊区1日游

可向投宿的饭店或旅游信息中心询问，是否有邻近区域的1日游行程。搭团体游览车，附英语解说，一天可跑好几个景点，但每个景点参观时间都比较短。

1. 预约：打电话告知对方你想参加的行程、人数和信用卡卡号或上网预订，之后直接到出发地点集合即可。记得询问及确认，费用是否包含各景点入场门票与餐费。
2. 1日游旅游公司(Premium Tours)网站：www.premiumtours.co.uk

苏格兰高地旅行团

为了让更多人领略苏格兰高地的美景，当地发展出相当有规模的当地旅行团(Local Tour)。这些旅行团大多由爱丁堡(Edinburgh)或格拉斯哥(Glasgow)出发，行程短至2～3天，长则7～9天，视内容的深入程度与行程的远近而定。这些行程是以小巴士为交通工具，司机兼导游并沿路以苏格兰腔的英文讲解，住宿点是青年旅馆，用餐则是大家一起煮饭。听起来是不是很像自力更生啊！

1. 可向投宿饭店或旅游信息询问相关资料。
2. 参加这类旅游的人多半是青年背包客，所以均非豪华旅游行程。
3. Haggis网站：www.haggisadventures.com
   Wild in Scotland网站：www.wild-in-scotland.com

参加当地旅行团小提醒

名词解释：

Kitty：外加食宿费用，若要自理则不用付这笔费用。

Jump On Jump Off：可在该旅行团停留的几个定点脱团，自己多玩几天，再跟之后的团继续行程。如果要这么做，报名时要先告知旅行公司。

英国必玩景点

英国除了伦敦这个人文荟萃的大城市外,还有很多值得拜访之处。史前遗迹、古堡庄园、中世纪城镇、自然风光,都很吸引人。前往英国郊区旅游,应事先了解景点的开放时间。由于英国冬天天气不佳,有些景点(尤其是位于乡村的庄园)会在冬天关闭,直到春天的复活节才重新开放。

剑桥 Cambridge

到康河撑篙(Punting),是探访剑桥的必要行程之一。庄严肃穆的国王学院及其礼拜堂,则是剑桥学院建筑的代表。

牛津 Oxford

牛津的各学院都有自己的风格,尤以基督教堂学院(Christ Church)、默顿学院(Merton)和马格达伦学院(Magdalen)最著名。除了浓厚的学院风格,牛津也不失梦幻风格,这里是童话故事《爱丽丝梦游仙境》的发源地。

巴斯罗马浴场 Bath SPA
史前巨石群 Stonehenge

巴斯是英国最古老的城镇之一,罗马时代的浴池是最重要的景点。皇家新月楼(Royal Crescent)的完美对称连栋建筑,曾有许多名人居住过。

盛名远播的史前巨石群,也在巴斯近郊,尤其是日出时分,气氛更是神秘。若要自行前往史前巨石群,可搭火车至Salisbury,从Salisbury火车站再转乘当地3号公交车前往。

观光小提醒

剑桥(Cambridge)与牛津(Oxford)

英国的两个著名大学城,也是英国两个至高学府,来此感受英国的学院风吧!牛津与剑桥的学院一般可开放给游客参观,并收取少许参观费用。参观时应遵循固定的路线,遇到考试期间则会暂时禁止游客参观。

Traveling in United Kingdom

英国重要景点分布图

玩乐购物篇

大西洋

北海

因弗内斯（水怪）
Inverness

苏格兰

爱丁堡
Edinburgh

格拉斯哥
Glasgow

贝尔法斯特
Belfast

北爱尔兰

湖区
Lake District National Park

约克
York

都柏林
Dublin

爱尔兰

英格兰

伯明翰
Birmingham

威尔士

斯特拉特福
Stratford-Upon-Avon

剑桥
Cambridge

科茨沃尔德
Cotswolds

加的夫
Cardiff

牛津
Oxford

伦敦
London

坎特伯雷
Canterbury

巴斯
Bath

肯特郡
Kent

多佛海峡
Dover

康沃尔郡
Cornwall

朴次茅斯
Portsmouth

英吉利海峡

斯特拉特福 Stratford-Upon-Avon

埃文河上的斯特拉特福(Stratford-Upon-Avon)是个景色优美的小镇,也是莎士比亚的故乡,在这里可以参访莎翁出生、成长、归乡的各个住所以及安眠的教堂。

坎特伯雷 Canterbury

这里是英国的宗教中心,不但有英国最古老的圣马丁教堂遗迹,坎特伯雷大教堂(Canterbury Cathedral)更是不容错过。难怪联合国教科文组织早将此地列入世界文化遗址。

科茨沃尔德 The Cotswolds

科茨沃尔德的乡村蜜糖色石砌房屋和经过特殊修剪的茅草屋顶,美不胜收。两条由切尔滕纳姆(Cheltenham)出发的英国罗曼蒂克大道:今日之路与明日之路,分别绕行南北科茨沃尔德,引领游客经过各种风格不同的英格兰传统小镇。

约克 York

城镇充满中世纪风情,行走于旧市区内的木造房屋与鹅卵石街道,仿佛穿越时光隧道。约克大教堂(York Minster)是西北欧最大的哥特式教堂,光是东面的花窗,就有网球场那么大。

利兹城堡 Leeds Castle

城堡位于英国东南部肯特郡(Kent)，仿佛建在水面上，号称英国最美的城堡。花园内每年夏天会举办热气球展，将天空与城堡装点得五彩缤纷。

苏格兰高地 Scottish Highland

自斯特灵(Stirling)往西北，即进入苏格兰高地(Highland)，这里有崎岖的海岸线、四散的小岛屿、神秘古老的历史遗迹、丰富的自然景观。斯凯岛(Isle of Skye，也称天空岛)是最为著名的观光岛，长达39千米的尼斯湖(Loch Ness)因水怪而闻名全球。

爱丁堡 Edinburgh

位于苏格兰的古老城镇，也是当今苏格兰的首府。每年8月份的爱丁堡艺术季吸引了世界各地爱好艺术的人士，其中军乐表演的门票更是在前一年的12月底前就必须购买，否则一票难求。新年除夕的狂欢也吸引了大批游客前往。苏格兰裙、苏格兰威士忌是当地的名产。

建筑在高岗上，与新城区相望的爱丁堡城堡(Edinburgh Castle)是旧城区的重要景点，也是爱丁堡军乐表演的场地。爱丁堡艺术季上，音乐、戏剧、各种表演汇聚一堂。世界各地的街头艺人也都来凑热闹啰!

湖区 Lake District

湖区是开发相当完善的休闲度假区，四散的大小湖泊是冰河时期的遗迹，不但可搭船游湖，还有大量的健行路线可供挑选，穿梭于石砌的羊圈中，走上山顶，俯视群湖，另是一番美景。进入湖区的主要城镇温德米尔(Windermere)，游客如织。越往西北则游客越少，不过景观越自然。

湖区的代表卡通人物是彼得兔。温德米尔附近就是这只顽皮小兔子的诞生地哦！

威尔士 Wales

威尔士是英国城堡最密集的地方，南边的加的夫城堡(Cardiff Castle)、北部的博马里斯堡(Beaumairs Castle)、卡那封堡(Caernafon Castle)康威堡(Conwy Castle)，都各具特色与历史意涵。

北部的斯诺登尼亚国家公园(Snowdon National Park)内有威尔士的最高峰斯诺登山(Mt. Snowdon)。搭乘威尔士著名的蒸汽小火车——Snowdon Mountain Railway可达山顶。

康沃尔郡 Cornwall

位于英格兰西南部，拥有全英国最棒的海岸线，沿岸有总计超过1000千米的散步道，此处也有各种水上活动。
- 西端的圣艾夫斯(St. Ives)是艺术家会集之处，伦敦的泰特美术馆在此设有分馆(TATE St. Ives)。
- 伊甸园工程(Eden Project)不仅是个植物园，更是个庞大的生态园，尝试回归人与植物的原本关系。
- 兰兹角(Land's End)则是英国本岛的最西端，有荒野与峭壁景观。

伦敦必玩景点

伦敦塔桥 Tower Bridge

伦敦塔桥是伦敦最著名的地标之一，桥面平时供汽车与行人使用，遇有较高的货船或游轮要通过时，桥面则可升起。塔桥现已成为博物馆，开放供游客参观。另外，伦敦桥(London Bridge)是泰晤士河上的另一座桥，和伦敦塔桥并不相同。

地铁站：Tower Hill出站后，穿越地下通道，左方即可看见塔桥
网址：www.towerbridge.org.uk/TBE/EN 查询桥面升起的时间

国会大厦 Houses of Parliament

国会大厦是英国国会的上下议院所在，必须要事先预约才可入内参观。精准无误的大本钟(Big Ben)也位于此处。

地铁站：Westminster 3号出口

伦敦塔 Tower of London

伦敦塔过去曾经是王宫寓所，后来变成监狱，现在则是观光胜地。在其最著名的珠宝屋内，可观赏与英国历史息息相关的王冠、权杖、珠宝收藏。

地铁站：Tower Hill出站后，穿越地下通道，右转沿着护城河步行，在纪念品专卖店对面即是入口

威斯敏斯特教堂 Westminster Abbey

庄严且富丽的威斯敏斯特教堂，不但是皇室举办重要典礼(婚礼、加冕)之处，也是名人长眠纪念处（莎士比亚、伽利略），此外，威斯敏斯特教堂也是座博物馆。

地铁站：Westminster 5号出口

伦敦眼 London Eye

国会大厦的对岸，即是泰晤士河的地标——伦敦眼，黄昏时分搭上摩天轮透明的胶囊舱，可一览泰晤士河华灯初上的瑰丽景致。

地铁站：Waterloo 6号出口，下桥直走约1分钟，右手边即可看见伦敦眼

白金汉宫 Buckingham Palace

白金汉宫是英国女王在伦敦的官邸，每年仅8～9月开放参观。室外的禁卫军换班仪式(Guard Change)，夏季每天早晨都有，冬季则两天一次，及早前往才可有好视野哦!

白金汉宫附近有伦敦三大公园：海德公园(Hyde Park)、圣詹姆斯公园(St. James's Park)和绿园(Green Park)。广大的绿地是伦敦人野餐休闲的好去处，松鼠也是常见的访客，也可在公园内的池塘划船。海德公园夏季的露天逍遥音乐会(PROMS)，是音乐界的一大盛事。

地铁站：Green Park出站后穿越公园即可看见

圣保罗教堂 St. Paul Cathedral

1666年伦敦大火之后才兴建的圣保罗教堂，其圆顶和正西面的塔楼相当壮观。耳语廊(Whispering Gallery)因设计特殊，使得很小的声音也可以传到回廊对侧，因而有此名称。

地铁站：St. Paul 2号出口即可看见教堂，沿着教堂建筑就可以走到正门口

柯芬园 Covent Garden

来到柯芬园,购物绝对免不了,不管是时髦前卫的服饰、独特的手工艺品,还是古董珍藏,都让人目不暇接。逛累了,喝个露天咖啡或是吃顿好菜,顺便看看街头艺人的表演,或让街头艺术家画张人像吧!邻近的苏活区(Soho)也是餐厅和酒馆的聚集区域。

地铁站:Covent Garden出站后往右直走

格林尼治 Greenwich

世界时间的计算依据,就在格林尼治的旧皇家天文台(Old Royal Observatory)。馆外的精度0度线与24小时制的时钟,永远都是人潮聚集之处。格林尼治本身也是个值得逛逛的小镇,国立海事博物馆(National Maritime Musuem)内藏有船只模型,左右完全对称的旧皇家海军学院(Old Royal Naval College)也是一绝。

轻轨站:Greenwich

温莎城堡 Windsor

皇室的宅邸,女王与家族成员也会来此度周末。由伦敦乘火车约半小时可到此,哥特式建筑的礼拜堂与珠宝珍藏都值得观赏。附近的伊顿公学(Eton College)是历史悠久的著名中学。

火车站:Windsor & Eton Central Station

包罗万象的博物馆

伦敦博物馆的常设展几乎都是免费参观，随意精选几个博物馆，不花一毛钱就可以逛好几天。

大英博物馆

大英博物馆(The British Museum)是再著名不过的世界级博物馆，古埃及木乃伊与希腊雅典帕特农神庙的浮雕，

是绝不容错过的收藏。中间的阅读室(Reading Room)建筑本身也是个令人赞叹的艺术品，该处提供电脑可查询馆内收藏与解说。

地铁站：Tottenham Court Road、Holborn

泰特现代艺术馆

泰特现代艺术馆(TATE Modern)是当今最重要的现代艺术馆之一，收藏各式现代与当代的名家艺术品，包括绘画、雕塑、装饰艺术等，毕加索、达利、米罗都不缺席。泰特现代艺术馆的前身是个废弃的发电厂，其中有个展览厅放置了一项泰晤士河清洁活动所

打捞起的各种物品，甚为惊人。

地铁站：St. Paul、Blackfriars

维多利亚&艾伯特博物馆

维多利亚&艾伯特博物馆(Victoria & Albert Museum)，有总计达11千米的参观路线，收藏品包罗万象，绘画、雕塑、服装、乐器、绘画、古董家具、现代发明，无所不包。还可在莫

里斯房(Morris Room)喝杯咖啡，细细品味莫瑞斯这位维多利亚时期著名设计师富丽堂皇的风格。

地铁站：South Kensington

自然历史博物馆

自然历史博物馆(Natural History Museum)，恢宏气派的建筑物本身就很有看头，一进门的恐龙区深受游客欢迎，地球馆内有地震体验设备，这对英国人来说可是很新鲜的哦。地铁站：South Kensington

英国啤酒节

从4月初到10月底许多英国城市都会举行啤酒节,英国的啤酒节气氛非常热烈,可以去感受一番。大不列颠啤酒节通常于8月初在伦敦举行,7月底至8月要去英国旅行的人,可以先上网查询。www.camra.org.uk可查询你去旅游的时间跟地点有没有啤酒节。

啤酒节小攻略

吃饱再去,当然里面也会卖轻食。进去买门票后会含有一个酒杯和品酒券,酒杯可选大杯或小杯,价钱不一样。

城市的啤酒节都会有一本参展啤酒指南,先看到想要试喝的啤酒,再去寻找,用品酒券购买之前,可以要求先试喝,毕竟有时写的跟喝在嘴里感觉不一样,试喝之后再决定,可以试喝好几种,喜欢再用品酒券买一杯。这样可以喝到不少种类又不会浪费品酒券。

上班族最喜欢在忙碌一天后,与三五好友上酒吧点杯酒畅饮,或聊天或看球赛

英国夜生活

英国店家营业时间较短,因此对于善用时间的观光客来说,事先规划是很重要的。以伦敦地区来说,除了早出晚归外,另一个方法就是前往延长营业的地方,以丰富夜晚行程。

每天晚上

- **伦敦眼**:1~3月开放到20:00、4~6月开放到21:00、7~8月开放到21:30、9~12月开放到20:30。
- **Ripley's Believe It or Not!(信不信由你博物馆)**:最后入场时间为22:30,许多音乐剧在晚上皆有表演。
- **酒吧**:活动可到半夜,周三、周五晚上人比较多。

周四~周六

购物街延长营业(每周四到21:00),由于伦敦大力推广文化活动,因此特别延长博物馆、美术馆的营业时间,具体如下:
- **Whitechapel Gallery**:每周四到21:00。
- **Barbican Art Gallery**:每周四到22:00。
- **Wellcome Collection**:每周四到22:00。
- **National Portrait Gallery**:每周四、周五到21:00。
- **V&A**:每月最后一个周五到22:00,12月除外。
- **British Museum**:每周五到20:30。
- **National Gallery**:每周五到21:00。
- **Royal Academy of Arts**:每周五到22:00。
- **Tate Britain**:每周五到22:00。
- **Tate Modern**:每周五、周六到22:00。

＊若遇特殊活动或假日,延长时间可能有变动,建议出发前到各官网再次确认。

玩乐购物篇

享受精彩音乐剧

来到英国，尤其是伦敦，绝对不能错过的就是音乐剧(Musical)！音乐剧不如歌剧(Opera)艰深，是种通俗艺术，抱着看电影、看舞台剧的心情去欣赏吧！

歌剧魅影

《歌剧魅影(Phantom of the Opera)》是韦伯的老牌音乐剧，虽已于2004年搬上了大屏幕，但现场欣赏可是全然不同的体验！建议坐在1楼前面中间的位置，可完全体验大灯落下的震撼！推荐给音乐剧初体验的观赏者。

剧院：Her Majesty's Theatre
地址：Haymarket, London, SW1Y 4QR
票价：£23.00～71.25
地铁：Piccadilly Circus、Leicester Square
时间：周一～周六19:30(晚场)、周二和周六14:30(午场)

狮子王

《狮子王(The Lion King)》是由迪斯尼卡通改编的音乐剧，老少皆宜！选择过道边的位置，说不定会有出乎意料的惊喜。

剧院：Lyceum
地址：Wellington Street, London, WC2E 7RQ
票价：£27.25～91.50
地铁：Covent Garden、Charing Cross
时间：周二～周六19:30(晚场)、周三和周六、周日14:00(午场)

悲惨世界

《悲惨世界(Les Misé-rable)》是俗称的四大名剧之一，数度宣称即将下档又重新上映，可见其魅力。建议观赏前先了解故事内容，尤其对英文不是那么有把握，又不了解故事内容，三个小时看下来会有点累。

剧院：Queen's
地址：Shaftesbury Avenue, London, W1D 6BA
票价：£11.20～72.15
地铁：Piccadilly Circus
时间：周一～周五19:30(晚场)、周三14:30(午场)，有时周四、周六会加演午场

妈妈，咪呀！

《妈妈，咪呀！》是出热闹又有趣的音乐剧，喜爱ABBA乐团的人若是错过了这出完全以ABBA畅销曲组成的音乐剧，一定会捶胸顿足。没听过ABBA歌曲的人，看完这出音乐剧，必定会爱上ABBA这个老乐团。

剧院：Novello Theater
地址：Aldwych, London, WC2B 4LD
票价：£21.90～70.00
地铁：Piccadilly Circus
时间：周一～周四19:30(晚场)、周四15:00(午场)

We Will Rock You

　　We Will Rock You也是著名的皇后乐团(Queen)和本·埃尔顿(Ben Elton)创作的音乐剧，热闹的气氛还以为是参加现场演唱会哩！台上台下一起唱哦！

剧院：Dominion
地址：268-269 Tottenham Court Rd, London, W1T 7AQ
票价：£27.99～91.25
地铁：Tottenham Court Road
时间：周一～周六19:30(晚场)；周二、周六14:30(午场)

STOMP

　　STOMP不算是戏剧，而是令人叹为观止的打击乐表演，错过了一定会后悔！

剧院：The Ambassadors Theatre
地址：West Street, London, WC2H 9ND
票价：30.00～56.70
地铁：Leicester Square
时间：周一、周四～周六20:00(晚场)、周日18:00(晚场)
　　　周四、周六、周日15:00(午场)

欣赏音乐剧小提醒

1. 特别便宜的票，很可能在视线上会被挡住。
2. 穿着不必太正式，燕尾服或晚礼服是不需要的！但也不要太随便，清洁整齐的衣着即可。
3. 热门音乐剧的票沦落到半价票的机会不是很大，还是乖乖先订票或是到剧院买吧！

音乐剧票这里买

❶ 伦敦中国城Leicester Square内的TKTS(官方半价售票亭)以及附近私营的半价票亭、柯芬园的半价票亭都可买到当天未售完的票。虽说是半价票，但手续费可是要额外加的。

❷ 直接到剧院的售票口(Box Office)购买也许可以买到当天的半价退票，出示国际学生证ISIC说不定还可买到学生票。不过这都是可遇不可求的。

❸ 要看特定日期的音乐剧，可网络上先买票、现场取票。Ticketmaster购票网站：www.ticketmaster.co.uk/伦敦音乐剧官方网站：www.officiallondontheatre.co.uk

 开始在英国自助旅行

在英国购物

英国商店一般营业到晚上6点或8点，周末或假日的营业时间更短，甚至不营业。伦敦摄政街(Regent Street)和牛津街(Oxford Street)的许多商店，每周四会延长营业1个小时。

如何退税

购物时，若看到"TAX FREE SHOPPING"的牌子，就表示在该店购物可退税，但前提是消费满一定金额。每家店各有最低购物消费、退税额度，买东西前可先询问。英国的消费税约为20%，但退税时并不会全退，而是依照消费金额来计算所能退税的百分比，消费越多，退税百分比越高哦。

折扣期

英国的购物街(通称为HighStreet)规划良好，常见的大众阶层品牌都可在购物街上找到，例如：NEXT、H&M、ZARA、TOPSHOP、THE BODY SHOP等，都是连锁品牌。著名设计师品牌除了专卖店、旗舰店，也不会在百货公司缺席。碰上折扣季，精品名牌也会大打折。

如何办理退税
(以英国希斯罗机场第3航站为例)

 Step 1 向购物商店索取退税单 (VAT-Refund／Tax-Refund)

若消费金额已达可退税额度，并不再有购买计划，结账时可持在该品牌所购买的所有收据，向店员说要"VAT-Refund"或"Tax-Refund"，并出示护照要求给予退税单。

 Step 2 填写退税单

可选择退入信用卡账户或是领取现金。直接领取现金最方便，但是手续费比较高。相对来说，退入信用卡较为划算。退入的金额可以直接折抵往后的消费金额，但缺点是等候时间比较长(4～6个月)。

 Step 3 在机场退税

于第3航站机场大厅前的退税处❶(见p.41示意图)进行退税。准备好护照、购物发票和填好个人资料的退税单。

 Step 4 珠宝和电子商品退税

如果购买超过£250的珠宝和电子产品，请随身携带并在通过安检后的退税处❶(见p.42下方示意图)退税。

 Step 5 领取退税金额

有些品牌退税额可退至信用卡内。如希望退现金，则需要多付手续费。有些则限定只能退现金或退至信用卡。

详情和中文解说可参照此网站：www.heathrowairport.com/heathrow-airport-guide/services-and-facilities/vat-refunds

英国购物全年折扣期

折扣(日)期	期间	备注
夏季折扣	6月中旬至7月底	
秋冬折扣	11月中旬至12月下旬的圣诞节前	
Boxing Day	12月26日	所有商店这天大打折，百货公司内名牌最高可能降到5折以下
冬季商品出清	圣诞节过后至1月中旬	春夏季新品上市

备注：1.折扣期间，名品折扣中心也同样会打折！
2.著名购物地点：Harrods百货公司／Bicester Outlet Shopping Village名品折扣中心／Portobello Market集市／Camdon Town & Camdon Lock Market集市
3.百货公司、名品折扣中心可办理退税，而集市多以现金交易为主，少数店家能办理退税，但可挖到不少宝贝哦。

通信篇
Communication

在英国要打电话、上网、寄信怎么办？

在英国，怎样与亲朋好友联系、与世界联线，看看本篇的打电话、上网、寄信等资讯便可知。

打电话 118
    从中国打电话到英国 118
    从英国打电话回中国 118
    打英国当地电话 118
    从英国发短信到手机 119
    使用公用电话 119
    通话费 120
上网 121
邮寄 121
应用英语 122

打电话

从中国打电话到英国

国际冠码+英国国家代码+区域号码+电话号码

先拨国际冠码"00",再加上英国国家代码"44",最后加上区域号码和电话号码。区域号码和电话号码最前面如果有"0",要先去掉不用拨。

拨打方法	国际冠码+	国家代码+	区域号码+	电话号码
打到固定电话	00	44	20(伦敦地区)	8位
打到英国手机	00	44	7(手机)	9位

从英国打电话回中国

国际冠码+中国国家代码+区域号码+电话号码

从英国打电话回中国的方法很多,话费标准差异也很大,最好先搞清楚计费方式再拨打。

拨打方法	受话方	国际冠码+	国家代码+	区域号码+	电话号码	备注
用手机打	中国固定电话	+(0按久一点,就会出现)	86	010(北京)	8位	*属国际漫游,请事先咨询好话费标准。
	中国手机			010(北京)	11位	
用固定电话打	中国固定电话	00	86	010(北京)	8位	*国际直拨电话,很方便但费用不便宜。
	中国手机			0	11位	
用公用电话打(使用国际电话节费卡)	*可在英国各城市的中国城买当地发行的国际电话节费卡。 *请参考节费卡的使用说明,通常是先拨打当地的拨接专线,按照指示输入电话卡密码,再依序拨号。					*使用某些国际电话节费卡时,有的公用电话会额外扣手续费或使用费。 *开卡后也须注意使用期限。

打英国当地电话

区域号码+电话号码/手机号码

拨打方法	区域号码+	电话号码
打到英国固定电话	20(伦敦地区)	8位
打到英国手机	7(手机)	9位

Traveling in United Kingdom

通信篇

从英国发短信到手机

发短信,也是一种方便的联络方式,费用也比直拨电话便宜。在英国,带着可显示中文的移动电话,也可以收到中文短信。

拨打方法	国际冠码+	国家代码+	手机起码+	电话号码
发送到国内手机	+(0按久一点,就会出现)	86		11位
发送到英国手机	+(0按久一点,就会出现)	44	7	9位

使用公用电话

英国的公用电话有3种:一般公用电话、可发送E-mail和短信的公用电话,以及可上网的公用电话。所有公用电话都接受以投币、国际电话预付卡、国际节费卡或以信用卡付款;某些接受欧元硬币付款的公用电话,则会在外观上做特别标示。

红色电话亭算是英国的特殊景观之一,几乎随处可见,连乡村也不例外。比较先进的电话亭则有透明外观,大多可提供上网或发送E-mail的附加服务。

此外,公用电话(Payphone、Public Phone)大多在地铁站、火车站等交通运输系统出入口可以找到。

可接受欧元硬币

可发送E-mail和短信的公用电话　可上网的公用电话　普通公用电话

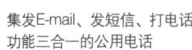
集发E-mail、发短信、打电话功能三合一的公用电话

红色电话亭,是英国街头有名的景观

通话费

使用硬币

公用电话的最低通话额是60P(便士)，发送短信(text)每条20P，发送E-mail也是20P。路边公用电话的故障率很高，投币前，最好先拿小面额硬币，试试电话能否正常使用。位于火车站、地铁站的公用电话，通常都维护得比较好。

使用节费卡

若估计需要大量拨打国际电话，那么国际电话节费卡会是比较好的选择，通话费会比较便宜。英国各地中国城都可以买到适合打回中国的各种国际电话节费卡，例如：Savers、Swiftcall。购买节费卡之前，记得问清楚计费方式，有些卡使用公用电话拨接会扣手续费或链接费，有些卡则会扣取每周或每月的维护费。一般来说，节费卡的有效期，是开始使用后半年内要用完。

需注意的是，使用国际电话节费卡打公用电话，会比用固定电话打还贵；另外，国际电话节费卡只能用来打电话。

使用信用卡

也可以用随身携带的信用卡来打电话，费用可参照英国当地的计费标准。

学会使用公用电话

 拿起电话筒

 投币或插入信用卡、节费卡
公用电话接受10P、20P、50P(便士)、£1的硬币(少数电话也接受£2)。退币时，只会退没有用到的硬币，所以可别一开始就投入大面额的硬币，即使通话结束时，硬币还有剩余的面额，也不会找零的。除了投币，也可直接插入信用卡，或使用国际电话节费卡。

 开始拨号
当荧幕显示所投入的硬币额度，或是成功读取信用卡，就可以开始拨号。通话结束后把话筒挂回，若有没用到的硬币，机器就会退回。若要拨下一通电话，不需挂回话筒，直接按"Next Call"键，等待通话音出现，即可继续拨号。使用节费卡，请依照卡片背面的使用说明，打到发卡公司的系统；再依照语音指示，输入卡片上的密码，最后拨受话方的电话。

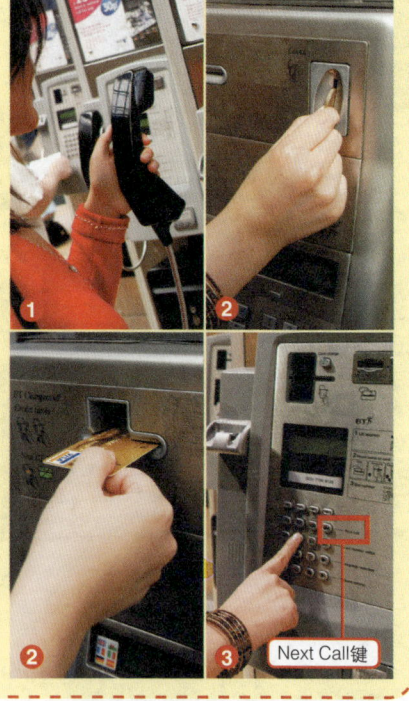

上网

英国的网络并不像国内这么普遍和发达，除了可上网的公共电话外，网吧并不是很普及。不过，大城市多多少少还是有一些网吧，或可供无线上网的咖啡店。可上网的公共电话，只需插入信用卡或投入硬币，即可开始上网。计费方式是，前15分钟是£1，后续每90秒，扣款£0.1。

哪里可以上网

全英国超过800家星巴克(Starbucks)都提供无线高速上网的服务。只要你的手提电脑配备无线上网功能(例如：Wi-Fi、802.11b)，即可在搜索到网络联机后，立即开通使用。另外，现在有很多地铁站或美术馆都贴有Wi-Fi标志，皆可上网，也可上网查询有Wi-Fi的地铁站，网址是www.tfl.gov.uk/wifi。

地铁站也可联网

伦敦哪里找网吧？

伦敦的网吧还不少，想查询哪里有网吧，可上All in London网站上找找internet cafes列表，网址是www.allinlondon.co.uk。该网站还将网吧位置附在地图上，相当方便。

邮寄

英国邮局的招牌，是一个绿边红底的椭圆形，上面写着"Post Office"。规模大一点的邮局，除了邮递服务，还有买卖外币和保险的服务。小邮局则经常和杂货店、文具店开在一起，店面的前半区卖杂货、文具；后半区有个小窗口，那就是邮局提供服务的地方，也卖邮票和各种包装用品。英国皇家邮局(Royal Mail)的网址是www.royalmail.com。

写地址

写信回中国，不用写英文地址，只要在中文地址最下方写上"CHINA"即可顺利送抵国内。国内的邮递员看到中文地址也会觉得比较亲切，很快就会把信件送达出去。

贴邮票

寄往中国的明信片，或是10克以下的信件，邮资仅需￡0.88。近来，英国很流行大尺寸、不规则状的明信片，但这类信件可能会超过10克，因此先到邮局窗口称重后，再贴邮票比较保险。

邮票可在邮局窗口称好信件重量后直接购买，或者在贴有邮票标志的商店购买。邮资费用较高时，邮局办理人员会打印一张邮资贴纸，直接贴在邮件或包裹上，这时信件上就不用再贴漂亮的邮票了。

投递邮筒

英国邮筒的长相，是红色的圆筒状，可在邮局或机场这种邮务繁忙的地方常见到。邮筒上会标明

收件时间

收件时间。若是邮务不繁忙的地方，邮筒则长得小巧玲珑、呈红色方形，并且很可爱地镶嵌在墙面上，若不注意看，并不显眼。邮筒只接受国内外信件的邮寄，寄包裹或挂号信，还是到邮局去办理。

寄包裹

2千克以内的包裹，以小包(Small Packets)方式邮寄，不但快捷，费用也比较便宜。当然，也可以用"包裹"方式寄送。除非是特急、特赶的邮件建议用快递件寄，否则寄2千克以内的邮件，还是用小包方式寄比较划算。

应用英语ABC

应用对话

我要买一张面值20英镑的电话卡。
May I have a 20-pound phone card?

电话费怎么计算？要算接线费用吗？如果我从公用电话拨打，要额外付费吗？
What is the rate? Any connection charge? Any surcharge if I make a call from a public pay phone?

可以告诉我哪里有公共电话吗？
Could you tell me where the public pay phone is?

请问该怎么拨打国际电话？
Excuse me, do you know how to make an international call?

国际接线生，我想打对方付费电话到北京。
Overseas operator, I want to make a collect-call to Beijing.

我想寄明信片，请问您知道离这里最近的邮局、邮筒在哪里吗？
I need to mail this postcard. Do you know where the nearest post office / mailbox is?

请给我两张面值88便士的邮票。
Two 88-pence stamps, please.

我想寄空运／国际快递包裹。
I would like to send this parcel by airmail / international express.

应变篇
Emergencies

在英国，发生紧急状况怎么办？

天有不测风云。出门在外，可能会生病，也可能丢东西……本篇告诉你遇到各种紧急状况该怎么处理。

遗失物品怎么办？	124
生病、受伤怎么办？	125
被偷、被抢怎么办？	125
想上厕所怎么办？	126
紧急救命电话	126
应用英语	126

遗失物品怎么办？

遗失护照

1. 报案

立刻向警察机关报案，并索取报案证明书（Police Report）。报案证明书的内容必须要有：报案编号、地点资料、遗失者姓名，并注明遗失的物品（护照、英国签证等）。

2. 准备文件

补办护照所需的文件：2寸证件照2张、护照申请书。

3. 补办护照

持报案证明书正本，至中国驻英国使领馆，补办护照或相关证明文件。

4. 保存报案证明书

妥善保存报案证明书正本，以便申请补发英国签证，或其他离境时所需要的证明文件。

遗失信用卡

1. 办理挂失

立刻打电话至发卡银行的24小时服务中心，办理挂失手续。

2. 办理补发

若需要立刻补发新卡，必须问清楚补发所需时间和手续，并告知对方你在英国的地址。

这里补办护照

中国驻大不列颠及北爱尔兰联合王国大使馆
网址：www.chinese-embassy.org.uk
地址：50 Portland Place, London W1B 1JL, UK
电话：020-72994049
传真：020-76369056

中国驻曼彻斯特总领事馆
网址：manchester.chineseconsulate.org
地址：Denison House, 71 Denison Road, Rusholme, Manchester M14 5RX, United Kingdom
电话：0161-2248672（周一至周五14:00~16:30人工接听，节假日除外）
传真：0161-2572672

中国驻爱丁堡总领事馆
网址：edinburgh.chineseconsulate.org
地址：55 Corstorphine Road. Edinburgh EH12 5QG Scotland, UK
电话：0131-3373220（周一至周五上午10:30~11:30为人工接听）
传真：0131-3373220

信用卡挂失这里办

出国前，请先向各发卡银行询问海外挂失电话或全球救援电话，并记在他处，然后与重要文件分开摆放，以免全都遗失。

挂失信用卡打这里：
万事达卡 MasterCard　　0800-964-767
维萨卡 VISA Card　　　　0800-169-5189
美国运通卡 American Express　0800-587-6023

遗失旅行支票

1.办理挂失

立即拨打旅行支票发行公司的24小时挂失电话,办理挂失。挂失时,需提供遗失旅行支票的支票号码、面额。

2.补办旅行支票

带着护照、购买合约与遗失旅行支票的支票号码前往当地的服务代理银行办理。将资料准备完备,可便于在当地补办。

3.回国办理

若你的旅行支票销售单位在当地无代理商,无法取得补发,回国后,可凭购买合约与挂失证明至原购买银行办理补发。

旅行支票挂失这里办

❶ 旅行支票的两个签名不要全部都签好,下面那一栏一定要在使用时才签;因为两栏都签了就可以兑换了,若在这种情况下遗失而钱被冒领,银行也不会补发。
❷ 护照和旅行支票都签上中文和英文姓名,这样不容易被冒用。
❸ 买旅行支票后请先复印一份,或将支票号码抄下来并与购买合约放在一起,预做补发依据。不过,复印件、购买合约不应与旅行支票正本放一起,以免全丢。

挂失美国运通旅行支票打这里:
America Express:080-0587-6023

遗失机票

目前航空公司均采用电子机票,只需要打印订票记录,有时只带着护照也可以办理登机手续。

生病、受伤怎么办?

预买海外医疗险

出国前,需要购买海外旅游医疗保险,事先询问好海外急救电话,以备不时之需。若到医院就医,记得保存医疗诊断证明书、收费明细、收据正本,以便向保险公司申请理赔。中国外交部全球领事保护与服务应急呼叫中心,24小时热线电话:
0086 10 12308

到药店买药

出门在外,难免会水土不服,所以最好带一些自己常用的药品,例如:感冒药、止痛药、退烧药和肠胃药。此外,英国药店处处林立(如Boots、Superdrug),可买到不需处方的成药。若不知道要买哪一种,只要告知驻店药师你的症状,药师就会推荐适合你的药品。若很不舒服,还是要到医院就诊。

被偷、被抢怎么办?

英国的治安大致来说比较好,抢劫事件也比较少,但仍建议天黑后,不要在治安不佳的区域走动。英国抢劫事件虽少,但偷窃事件却很常见,尤其是在人潮拥挤的观光景点、餐厅内。小至手机、照相机,大至背包、手提袋,都可能是歹徒觊觎的对象。因此,不管任何时候,都不要让自己的东西离开视线范围,哪怕只是放在离你脚边20厘米的地方或是椅背,都可能被顺手牵羊了还不自知。若真的被偷、被抢了,一定要向附近的警察局报案,详细说明遗失物件及事发地点、时间。

 开始在 英国 自助旅行

想上厕所怎么办？

除大型百货公司外，各大免门票的博物馆、美术馆也是免费上厕所的好地方，明亮且干净。若是临时内急，也可以就近向到酒吧借厕所。各大火车站以及户外公共厕所可是要投币收费的哦。

紧急救命电话

警察局、消防局、救护车：**999**
全欧洲通用紧急救助电话：**112**

中国驻大不列颠及北爱尔兰联合王国大使馆领事保护电话
020-76311430

中国驻曼彻斯特总领事馆领事保护电话
0161-2247443

中国驻爱丁堡总领事馆领事保护电话
0131-3371207

应用英语 ABC

应用对话

情况紧急！
It's an emergency!

叫警察！
Call the police!

走开！
Go away!

叫医生／救护车。
Call a doctor! / Call an ambulance!

我的皮包／背包／护照／信用卡丢了。
I lost my wallet / pack / passport / credit card.

我要信用卡挂失证明。
I would like to report the loss of my credit card.

请给我报案证明。
Please give me a police report.

救命小纸条

个人紧急联络卡
Personal Emergency Contact Information

姓名Name：

年龄Age：

血型Blood Type：

宿疾Exiting Physical Problems：

过敏药物Medicine that Causes Allergy：

护照号码Passport No：

信用卡号码：

国内、海外挂失电话：

旅行支票号码：

国内、海外挂失电话：

航空公司国内、海外电话：

紧急联络人Emergency Contact (1)：

联络电话Tel：

紧急联络人Emergency Contact (2)：

联络电话Tel：

国内地址Home Add：

投宿旅馆：

旅馆电话：

其他备注：

可将上表复印，以中、英文填写，并妥善保管随身携